2024

中国渔业统计年鉴

农 业 农 村 部 渔 业 渔 政 管 理 局
全国水产技术推广总站　中国水产学会　编制

中国农业出版社

北　京

《中国渔业统计年鉴》编辑委员会

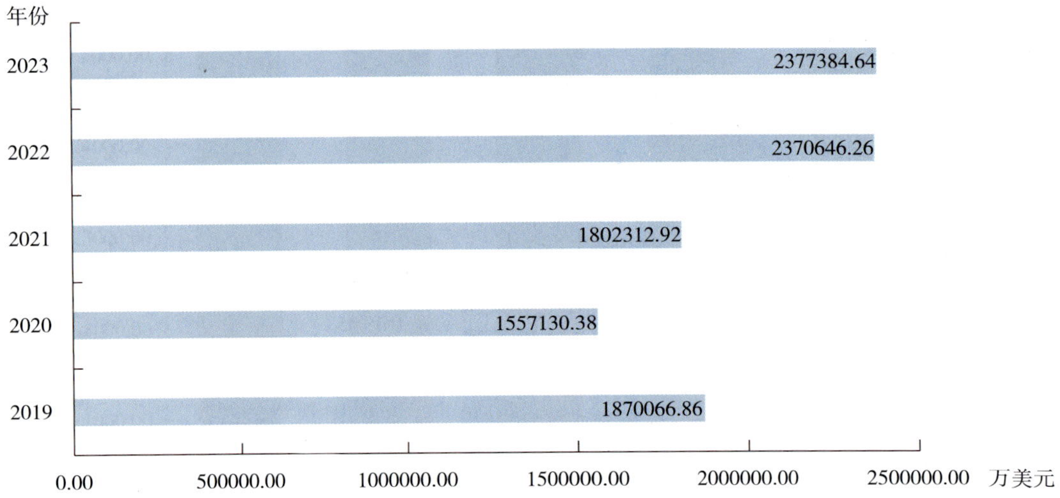

图 11　2019—2023 年全国水产品进口额

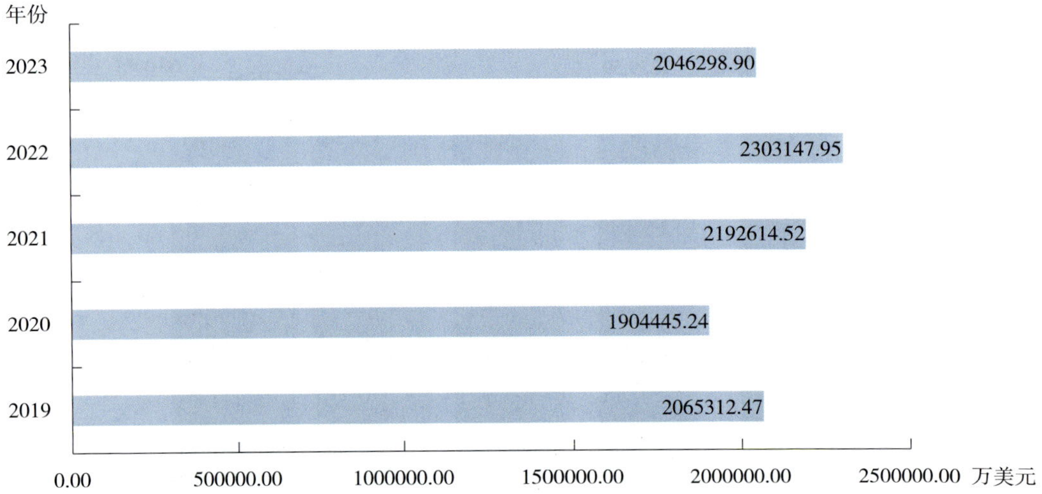

图 12　2019—2023 年全国水产品出口额

目　　录

第一部分

经济核算

1-1　总产值

全国渔业经济总产值
（按当年价格计算）

单位：万元

指　　标	2023 年	2022 年	2023 年比 2022 年增减（±）
渔业经济总产值	**326 699 572.53**	**308 731 406.54**	**17 968 165.99**
1. 渔业	159 573 544.57	152 674 871.33	6 898 673.24
其中：海水养殖	48 854 834.84	46 388 448.33	2 466 386.51
淡水养殖	81 779 162.77	78 630 293.97	3 148 868.80
海洋捕捞	26 183 064.90	24 889 093.29	1 293 971.61
淡水捕捞	2 756 482.06	2 767 035.74	−10 553.68
其中：水产苗种	8 793 866.27	8 434 488.02	359 378.25
2. 渔业工业和建筑业	70 188 430.45	66 211 691.65	3 976 738.80
其中：水产品加工	50 205 429.10	47 846 051.59	2 359 377.51
渔用机具制造	4 334 049.58	4 194 044.93	140 004.65
其中：渔船渔机修造	2 637 589.87	2 542 461.89	95 127.98
渔用绳网制造	1 489 546.58	1 438 695.82	50 850.76
渔用饲料	11 586 051.17	10 393 445.20	1 192 605.97
渔用药物	379 737.78	360 186.99	19 550.79
建筑业	2 601 279.07	2 482 143.11	119 135.96
其他	1 081 883.75	935 819.83	146 063.92
3. 渔业流通和服务业	96 937 597.51	89 844 843.56	7 092 753.95
其中：水产流通	77 249 256.50	72 474 433.96	4 774 822.54
水产（仓储）运输	5 671 015.40	5 449 111.71	221 903.69
休闲渔业	9 234 712.89	8 473 950.76	760 762.13
其他	4 782 612.72	3 447 347.13	1 335 265.59

注：渔业产值=海水养殖+淡水养殖+海洋捕捞+淡水捕捞。

各地区渔业经济总产值、渔业产值
（按当年价格计算）

单位：万元

地　　区	2023 年		2022 年		2023 年比 2022 年增减（±）		渔业产值占农业产值比重（%）
	渔业经济总产值	其中：渔业产值	渔业经济总产值	其中：渔业产值	渔业经济总产值	其中：渔业产值	
全国总计	**326 699 572.53**	**159 573 544.57**	**308 731 406.54**	**152 674 871.33**	**17 968 165.99**	**6 898 673.24**	**10.2**
北　京	347 553.42	40 409.40	359 255.24	36 619.90	−11 701.82	3 789.50	1.6
天　津	749 612.08	719 100.00	739 416.22	704 583.00	10 195.86	14 517.00	14.1
河　北	4 038 075.46	3 512 110.00	4 000 473.59	3 422 908.04	37 601.87	89 201.96	4.5
山　西	154 963.34	95 877.57	145 929.86	88 984.54	9 033.48	6 893.03	0.4
内蒙古	280 319.14	207 537.75	249 453.36	187 739.43	30 865.78	19 798.32	0.7
辽　宁	14 082 370.00	7 302 874.00	13 324 660.00	6 845 166.00	757 710.00	457 708.00	18.2
吉　林	1 752 981.72	654 425.46	1 663 140.49	615 945.41	89 841.23	38 480.05	2.1
黑龙江	2 066 786.00	1 551 000.00	1 890 204.00	1 478 997.90	176 582.00	72 002.10	2.4
上　海	586 167.99	527 088.86	560 802.37	512 094.98	25 365.62	14 993.88	19.5
江　苏	39 282 510.82	19 032 133.00	38 232 804.80	18 569 330.00	1 049 706.02	462 803.00	21.3
浙　江	26 467 109.90	13 752 503.90	24 263 459.00	12 611 763.00	2 203 650.90	1 140 740.90	34.6
安　徽	11 384 864.10	6 832 723.53	10 529 231.86	6 430 976.22	855 632.24	401 747.31	11.0
福　建	35 463 711.81	17 895 643.90	35 394 260.99	17 407 483.20	69 450.82	488 160.70	31.2
江　西	12 031 401.08	5 614 106.10	11 506 448.59	5 552 336.53	524 952.49	61 769.57	13.2
山　东	47 616 710.20	18 076 400.00	44 130 620.77	17 297 000.00	3 486 089.43	779 400.00	14.4
河　南	2 206 226.19	1 415 079.00	2 153 546.35	1 474 489.00	52 679.84	−59 410.00	1.4
湖　北	37 802 770.00	16 020 233.00	35 134 030.00	15 843 494.00	2 668 740.00	176 739.00	17.6
湖　南	11 932 645.17	6 350 300.00	10 812 638.99	6 178 100.00	1 120 006.18	172 200.00	7.7
广　东	44 202 818.63	20 053 082.84	42 260 185.64	18 611 780.71	1 942 632.99	1 441 302.13	21.8
广　西	12 515 473.76	5 830 063.00	11 910 680.80	5 758 044.17	604 792.96	72 018.83	8.1
海　南	6 982 662.02	5 230 392.75	5 659 581.77	4 666 111.43	1 323 080.25	564 281.32	21.7
重　庆	2 230 799.49	1 428 650.00	2 123 830.43	1 369 937.00	106 969.06	58 713.00	4.5
四　川	7 275 272.72	3 590 947.10	6 743 960.49	3 431 085.03	531 312.23	159 862.07	3.6
贵　州	883 028.11	811 930.23	866 378.42	795 583.18	16 649.69	16 347.05	1.6
云　南	2 187 723.10	1 342 618.04	1 983 554.63	1 199 000.00	204 168.47	143 618.04	1.8
西　藏	1 505.07	1 505.07	934.00	629.00	571.07	876.07	0.1
陕　西	630 420.45	425 799.11	592 690.28	350 581.48	37 730.17	75 217.63	0.8
甘　肃	40 158.97	25 698.36	33 656.82	23 637.13	6 502.15	2 061.23	0.1
青　海	68 187.00	63 870.00	65 000.00	65 000.00	3 187.00	−1 130.00	0.7
宁　夏	447 666.79	233 290.60	435 817.78	227 072.05	11 849.01	6 218.55	2.6
新　疆	386 526.00	335 600.00	367 360.00	321 000.00	19 166.00	14 600.00	0.6
中农发集团	600 552.00	600 552.00	597 399.00	597 399.00	3 153.00	3 153.00	

各地区渔业经济总产值
（按当年价格计算）（一）

单位：万元

地　区	总　计	一、渔业产值			
		合　计	海水养殖	淡水养殖	海洋捕捞
全国总计	**326 699 572.53**	**159 573 544.57**	**48 854 834.84**	**81 779 162.77**	**26 183 064.90**
北　京	347 553.42	40 409.40		20 867.70	13 036.00
天　津	749 612.08	719 100.00	40 303.84	569 643.70	102 996.16
河　北	4 038 075.46	3 512 110.00	2 043 081.81	605 438.85	770 543.19
山　西	154 963.34	95 877.57		94 613.57	
内蒙古	280 319.14	207 537.75		187 546.56	
辽　宁	14 082 370.00	7 302 874.00	4 853 689.00	1 213 685.00	1 161 752.00
吉　林	1 752 981.72	654 425.46		598 859.76	
黑龙江	2 066 786.00	1 551 000.00		1 388 542.00	
上　海	586 167.99	527 088.86		277 948.88	248 150.88
江　苏	39 282 510.82	19 032 133.00	3 445 650.00	13 058 379.00	1 891 138.00
浙　江	26 467 109.90	13 752 503.90	3 022 765.95	3 265 863.97	7 234 495.74
安　徽	11 384 864.10	6 832 723.53		6 500 209.63	
福　建	35 463 711.81	17 895 643.90	11 254 539.32	2 278 517.79	4 201 181.14
江　西	12 031 401.08	5 614 106.10		5 509 709.30	
山　东	47 616 710.20	18 076 400.00	11 810 000.00	2 528 600.00	3 502 800.00
河　南	2 206 226.19	1 415 079.00		1 256 009.00	
湖　北	37 802 770.00	16 020 233.00		15 955 572.00	
湖　南	11 932 645.17	6 350 300.00		6 346 486.01	
广　东	44 202 818.63	20 053 082.84	8 874 216.95	9 213 715.93	1 809 804.26
广　西	12 515 473.76	5 830 063.00	2 532 710.00	2 302 162.00	924 076.00
海　南	6 982 662.02	5 230 392.75	977 877.97	464 678.35	3 722 539.53
重　庆	2 230 799.49	1 428 650.00		1 428 650.00	
四　川	7 275 272.72	3 590 947.10		3 590 947.10	
贵　州	883 028.11	811 930.23		795 114.94	
云　南	2 187 723.10	1 342 618.04		1 275 015.64	
西　藏	1 505.07	1 505.07		343.07	
陕　西	630 420.45	425 799.11		425 799.11	
甘　肃	40 158.97	25 698.36		25 698.36	
青　海	68 187.00	63 870.00		63 870.00	
宁　夏	447 666.79	233 290.60		224 029.50	
新　疆	386 526.00	335 600.00		312 646.05	
中农发集团	600 552.00	600 552.00			600 552.00

各地区渔业经济总产值
（按当年价格计算）（二）

单位：万元

地　区	一、渔业产值（续）		二、渔业工业和建筑业		
	淡水捕捞	水产苗种	合　计	水产品加工	渔用机具制造 小　计
全国总计	**2 756 482.06**	**8 793 866.27**	**70 188 430.45**	**50 205 429.10**	**4 334 049.58**
北　京	6 505.70	6 181.00	4 814.00	2 614.00	
天　津	6 156.30	26 762.50	12 500.00		
河　北	93 046.15	162 234.77	356 915.37	290 626.14	30 043.00
山　西	1 264.00	2 755.90	43 679.09	2 473.00	
内蒙古	19 991.19	11 704.32	11 752.43	11 752.43	
辽　宁	73 748.00	670 280.00	3 474 575.00	2 917 525.00	129 021.00
吉　林	55 565.70	17 675.87	737 131.50	736 066.50	415.00
黑龙江	162 458.00	45 709.00	129 323.00	41 210.00	15.00
上　海	989.10	8 997.20	33 448.00	33 448.00	
江　苏	636 966.00	893 662.42	6 436 490.41	3 689 352.78	306 683.23
浙　江	229 378.24	259 441.00	5 789 140.00	4 731 356.00	287 116.00
安　徽	332 513.90	483 566.03	1 854 214.95	802 391.69	698 205.00
福　建	161 405.65	791 427.36	12 695 229.54	10 399 548.00	738 342.00
江　西	104 396.80	495 394.49	3 508 854.45	2 504 096.39	23 648.72
山　东	235 000.00	891 230.92	14 974 193.05	11 613 593.20	1 865 272.50
河　南	159 070.00	120 930.00	266 372.00	113 703.00	1 143.00
湖　北	64 661.00	1 232 784.00	9 024 867.00	6 589 293.00	22 317.00
湖　南	3 813.99	389 575.97	1 956 407.36	1 227 970.06	84 401.85
广　东	155 345.70	977 812.32	5 134 260.01	2 602 451.24	80 014.35
广　西	71 115.00	290 958.91	1 803 741.62	1 228 536.60	57 814.24
海　南	65 296.90	388 773.68	1 059 496.60	493 112.00	7 911.34
重　庆		95 689.81	149 413.99	21 757.00	952.35
四　川		344 493.79	367 239.58	32 076.00	214.00
贵　州	16 815.29	43 790.87	9 364.97	8 752.90	
云　南	67 602.40	88 918.04	213 053.50	64 222.60	30.00
西　藏	1 162.00	606.20			
陕　西		24 634.88	56 714.00	12 277.77	
甘　肃		564.50	3 941.80	3 926.80	
青　海		860.00	4 317.00	4 317.00	
宁　夏	9 261.10	24 150.52	41 170.23	7 260.00	
新　疆	22 953.95	2 300.00	35 810.00	19 720.00	490.00
中农发集团					

各地区渔业经济总产值
（按当年价格计算）（三）

单位：万元

地　　区	二、渔业工业和建筑业（续）					
	渔用机具制造（续）		渔用饲料	渔用药物	建　筑	其　他
	渔船渔机修造	渔用绳网制造				
全国总计	**2 637 589.87**	**1 489 546.58**	**11 586 051.17**	**379 737.78**	**2 601 279.07**	**1 081 883.75**
北　　京			2 000.00	200.00		
天　　津			12 500.00			
河　　北	7 461.00	21 361.00	34 098.23		1 922.00	226.00
山　　西			2 267.00	38 939.09		
内 蒙 古						
辽　　宁	88 358.00	31 170.00	222 512.00	11 666.00	150 070.00	43 781.00
吉　　林	58.00	63.00	630.00	20.00		
黑 龙 江		15.00	85 971.00	910.00	1 217.00	
上　　海						
江　　苏	160 180.67	118 450.83	2 001 169.86	123 103.02	200 777.31	115 404.21
浙　　江	152 145.00	116 421.00	576 438.00	60.00	91 227.00	102 943.00
安　　徽	11 416.00	686 789.00	274 256.00	7 735.00	68 105.26	3 522.00
福　　建	664 186.00	63 843.00	1 265 906.00	2 428.00	135 122.32	153 883.22
江　　西	16 733.62	6 915.10	666 040.37	30 094.50	238 182.87	46 791.60
山　　东	1 400 508.00	342 811.50	267 472.85	19 074.50	742 145.00	466 635.00
河　　南	4.00	1 139.00	148 692.00	595.00	1 700.00	539.00
湖　　北	927.00	19 054.00	1 914 235.00	69 018.00	423 919.00	6 085.00
湖　　南	30 688.94	53 712.91	439 142.07	39 148.28	156 400.49	9 344.61
广　　东	52 251.32	21 042.55	2 352 452.48	9 402.15	60 254.54	29 685.25
广　　西	48 464.32	1 369.32	345 976.89	6 556.04	164 697.84	160.01
海　　南	3 494.00	4 417.34	442 381.00	12 775.00	2 157.26	101 160.00
重　　庆		952.03	104 524.53	549.58	21 630.53	
四　　川	214.00		263 461.38	6 430.00	64 958.20	100.00
贵　　州			598.23	13.84		
云　　南	20.00	10.00	103 198.76	599.47	44 697.67	305.00
西　　藏						
陕　　西			10 617.29	420.31	32 079.78	1 318.85
甘　　肃					15.00	
青　　海						
宁　　夏			33 910.23			
新　　疆	480.00	10.00	15 600.00			
中农发集团						

各地区渔业经济总产值

（按当年价格计算）（四）

单位：万元

地　区	三、渔业流通和服务业				
	合　计	水产流通	水产（仓储）运输	休闲渔业	其　他
全国总计	**96 937 597.51**	**77 249 256.50**	**5 671 015.40**	**9 234 712.89**	**4 782 612.72**
北　京	302 330.02	283 046.00	2 289.00	16 995.02	
天　津	18 012.08			17 165.08	847.00
河　北	169 050.09	27 017.84	16 059.00	95 659.25	30 314.00
山　西	15 406.68	6 005.83	303.70	9 068.15	29.00
内蒙古	61 028.96	25 370.39	4 901.16	30 757.41	
辽　宁	3 304 921.00	2 386 562.00	458 480.00	336 176.00	123 703.00
吉　林	361 424.76	201 016.60	6 154.00	152 803.16	1 451.00
黑龙江	386 463.00	303 628.00	20 539.50	59 780.50	2 515.00
上　海	25 631.13	18 425.23		7 205.90	
江　苏	13 813 887.41	12 060 735.10	612 480.14	763 352.45	377 319.72
浙　江	6 925 466.00	6 030 966.00	258 623.00	291 760.00	344 117.00
安　徽	2 697 925.62	2 007 232.52	214 090.50	436 779.60	39 823.00
福　建	4 872 838.37	4 121 387.24	297 618.36	178 052.67	275 780.10
江　西	2 908 440.53	2 398 217.60	133 851.15	311 964.93	64 406.85
山　东	14 566 117.15	9 068 998.25	2 005 730.70	2 039 337.10	1 452 051.10
河　南	524 775.19	413 605.31	31 155.50	78 081.58	1 932.80
湖　北	12 757 670.00	9 182 147.00	753 828.00	1 264 181.00	1 557 514.00
湖　南	3 625 937.81	2 632 296.56	250 490.48	394 579.96	348 570.81
广　东	19 015 475.78	17 565 358.57	72 535.14	1 283 596.80	93 985.27
广　西	4 881 669.14	4 636 429.88	172 866.36	50 061.98	22 310.92
海　南	692 772.67	275 067.87	24 642.71	361 096.18	31 965.91
重　庆	652 735.50	345 197.73	53 597.82	248 927.22	5 012.73
四　川	3 317 086.04	2 554 695.67	209 765.98	548 071.09	4 553.30
贵　州	61 732.91	10 153.12	625.46	50 785.33	169.00
云　南	632 051.56	460 435.10	36 782.53	133 692.93	1 141.00
西　藏					
陕　西	147 907.34	90 905.43	16 721.83	37 652.57	2 627.51
甘　肃	10 518.81	126.45	79.71	10 305.05	7.60
青　海					
宁　夏	173 205.96	139 654.21	15 103.67	17 982.98	465.10
新　疆	15 116.00	4 575.00	1 700.00	8 841.00	
中农发集团					

1-2　渔民家庭收支

全国渔民人均纯收入

单位：元

地　区	2023 年	2022 年	2023 年比 2022 年增减（±）	
			绝对量	幅度（%）
全国总计	**25 777.21**	**24 614.41**	**1 162.80**	**4.72**
北　京	14 236.30	20 033.73	−5 797.43	−28.94
天　津	29 142.63	28 864.28	278.35	0.96
河　北	26 358.29	25 109.85	1 248.44	4.97
山　西	14 475.03	12 967.98	1 507.05	11.62
内蒙古	16 304.96	15 554.82	750.14	4.82
辽　宁	28 171.83	26 295.58	1 876.25	7.14
吉　林	17 010.65	16 535.95	474.70	2.87
黑龙江	26 217.75	25 610.46	607.29	2.37
上　海	30 920.24	30 306.99	613.25	2.02
江　苏	30 510.52	30 098.13	412.39	1.37
浙　江	33 579.63	31 980.96	1 598.67	5.00
安　徽	27 539.35	25 663.25	1 876.10	7.31
福　建	29 122.92	27 498.27	1 624.65	5.91
江　西	22 517.13	20 871.39	1 645.74	7.89
山　东	27 089.75	26 385.50	704.25	2.67
河　南	19 408.17	18 375.72	1 032.45	5.62
湖　北	26 276.13	25 171.78	1 104.35	4.39
湖　南	22 523.03	21 879.84	643.19	2.94
广　东	25 201.04	23 597.40	1 603.64	6.80
广　西	22 899.38	22 886.25	13.13	0.06
海　南	17 745.42	17 156.47	588.95	3.43
重　庆	23 148.83	22 681.86	466.97	2.06
四　川	24 467.08	23 089.59	1 377.49	5.97
贵　州	14 303.26	12 926.38	1 376.88	10.65
云　南	22 991.54	20 469.17	2 522.37	12.32
西　藏				
陕　西	16 756.62	16 675.01	81.61	0.49
甘　肃	10 977.02	10 758.58	218.44	2.03
青　海	17 004.76	16 663.10	341.66	2.05
宁　夏	18 326.83	18 525.20	−198.37	−1.07
新　疆	20 528.30	19 917.29	611.01	3.07

各地区渔民家庭收支调查（一）

单位：元/人

地　　区	一、家庭总收入	（一）家庭经营收入	其中：经营渔业	（二）工资性收入	其中：渔业	（三）财产净收入	其中 1. 红利收入
全国总计	**90 191.04**	**80 883.73**	**76 065.10**	**5 966.69**	**2 405.88**	**450.95**	**100.27**
北　京	72 202.24	62 754.09	58 445.52	6 496.58	329.67	234.30	109.00
天　津	225 359.77	210 489.74	204 765.42	10 474.29	3 443.49	1 934.99	
河　北	184 923.58	178 365.34	176 415.74	2 377.24	1 368.24	523.82	282.94
山　西	77 892.46	75 238.56	71 709.08	2 407.99	512.28		
内蒙古	45 420.23	43 320.90	33 057.84	841.54	56.63		
辽　宁	140 493.60	132 704.78	128 416.84	4 055.51	1 065.93	791.35	18.34
吉　林	44 124.33	42 578.92	34 535.53	926.24		179.73	
黑龙江	100 003.03	98 435.42	89 623.10	333.01	104.43	530.13	
上　海	147 771.80	140 992.86	139 784.35	2 419.18	530.27	791.16	242.18
江　苏	124 203.40	114 965.94	111 395.95	4 717.98	744.08	1 462.26	116.73
浙　江	151 660.87	128 875.81	120 899.26	15 699.16	8 672.05	1 242.47	474.54
安　徽	77 954.54	70 694.91	63 559.84	4 893.94	1 118.11	477.84	19.11
福　建	92 865.95	83 858.15	80 962.00	6 811.71	2 956.35	280.85	133.98
江　西	70 606.33	62 864.12	58 587.98	3 540.33	1 112.67	279.59	32.15
山　东	109 758.19	102 984.91	98 968.99	2 757.81	1 406.92	481.07	50.25
河　南	64 155.40	58 866.73	55 105.49	3 811.18	261.15	195.84	17.20
湖　北	59 369.55	49 317.69	45 311.98	5 556.56	1 906.59	155.09	19.42
湖　南	59 399.10	50 371.36	43 435.69	5 617.37	2 471.77	200.59	13.99
广　东	70 998.33	59 335.32	55 362.93	9 615.00	5 091.43	124.80	60.76
广　西	73 510.87	64 154.95	59 885.21	5 616.55	564.00	99.00	4.12
海　南	43 381.12	39 162.93	34 273.63	2 932.11	661.50	95.68	
重　庆	104 756.07	98 467.21	95 086.38	4 400.92	736.67	775.21	673.75
四　川	93 587.97	85 445.99	78 022.86	5 090.01	1 681.72	546.19	157.64
贵　州	26 199.34	22 471.70	18 083.37	2 668.11	93.62	8.34	
云　南	111 228.64	104 938.43	97 337.21	4 292.75	2 989.47	981.10	26.32
西　藏							
陕　西	131 213.16	124 838.97	121 353.68	5 786.76	4 264.71	471.69	128.68
甘　肃	26 984.49	24 408.64	18 471.89	1 895.05	987.41	471.09	
青　海	39 857.14	28 714.29	15 714.29	11 142.86	428.57		
宁　夏	144 181.86	139 565.87	135 073.05	3 312.24	493.25	296.20	
新　疆	187 334.73	181 811.72	180 213.39	5 523.01	5 196.65		

各地区渔民家庭收支调查（二）

单位：元/人

地　　区	一、家庭总收入（续）						二、家庭经营费用支出
	（三）财产净收入（续） 其中（续） 2. 转让经营权租金收入	（四）转移性收入	1. 生产补贴（惠农补贴）	其中：渔业补贴	2. 社会救济或政策性生活补贴	3. 其他转移性收入	
全国总计	**129.07**	**2 889.67**	**996.94**	**917.66**	**49.90**	**1 842.82**	**57 136.97**
北　　京	68.13	2 717.25				2 717.26	52 802.57
天　　津	1 899.74	2 460.74			278.72	2 182.02	174 863.76
河　　北	170.77	3 657.18	2 474.78	2 474.78		1 182.39	134 874.53
山　　西		245.91	242.01	240.06		3.90	58 847.08
内 蒙 古		1 257.79	358.58		80.77	818.44	23 960.17
辽　　宁	511.72	2 941.95	1 002.19	764.30	4.64	1 935.12	95 731.57
吉　　林	57.80	439.43	161.70			277.73	22 984.12
黑 龙 江	479.11	704.48	311.79	0.82	4.43	388.25	67 918.00
上　　海		3 568.61	1 925.17	1 925.17		1 643.44	105 718.07
江　　苏	368.53	3 057.22	584.24	551.26	54.94	2 418.04	79 646.91
浙　　江	190.72	5 843.42	3 075.04	2 506.19	208.42	2 559.97	102 641.15
安　　徽	117.54	1 887.85	350.05	50.91	49.90	1 487.89	43 108.18
福　　建	36.92	1 915.24	1 156.05	1 152.19	47.40	711.78	58 387.52
江　　西	122.93	3 922.29	66.44	1.77	115.06	3 740.80	44 985.57
山　　东	48.03	3 534.39	2 842.83	2 828.41	58.85	632.71	70 116.15
河　　南	14.56	1 281.64	38.19	1.27	181.33	1 062.12	42 097.68
湖　　北	19.38	4 340.21	62.67	24.66	22.04	4 255.49	30 633.72
湖　　南	24.88	3 209.78	129.54	32.62	24.44	3 055.81	34 790.65
广　　东	53.55	1 923.21	1 015.72	1 015.72	15.31	892.18	42 926.86
广　　西	64.56	3 640.37	2 063.54	2 063.54	2.95	1 573.88	44 630.29
海　　南		1 190.40	792.52	792.52	51.96	345.92	24 883.72
重　　庆	89.02	1 112.73	158.63	119.44	57.72	896.38	69 083.22
四　　川	277.20	2 505.78	127.61	84.95	9.36	2 368.82	60 500.13
贵　　州	0.87	1 051.19	303.91	283.55	114.34	632.93	10 408.35
云　　南	509.38	1 016.35	475.59	432.68	1.73	539.04	81 332.19
西　　藏							
陕　　西		115.73	19.85	19.85		95.88	106 826.10
甘　　肃	40.08	209.71	36.35	4.46	25.86	147.49	13 605.09
青　　海							7 571.43
宁　　夏	296.20	1 007.56	32.03			975.53	121 512.50
新　　疆							159 745.62

各地区渔民家庭收支调查（三）

单位：元/人

地　　区	二、家庭经营费用支出（续）					三、生产性固定资产折旧	其中：渔业固定资产折旧
	其中：经营渔业支出	1. 燃料及冰费用	2. 雇工费用	3. 饲料及苗种费用	4. 其他费用		
全国总计	**55 216.86**	**11 669.24**	**10 391.29**	**30 734.75**	**2 421.58**	**4 077.50**	**3 787.24**
北　　京	52 592.61	7 898.30	2 697.80	39 774.54	2 221.98	3 835.64	2 154.32
天　　津	172 812.64	9 931.29	9 018.79	152 070.60	1 791.95	2 149.05	2 048.36
河　　北	134 168.51	18 765.14	53 838.64	55 523.76	6 040.98	4 496.17	4 447.08
山　　西	58 064.42	5 892.11	4 856.73	45 379.34	1 936.26	3 913.33	3 368.17
内 蒙 古	21 190.62	2 671.20	2 094.64	15 321.78	1 103.00	4 741.99	2 306.21
辽　　宁	94 325.21	18 547.22	26 702.80	43 695.73	5 379.45	6 954.48	6 743.52
吉　　林	22 076.61	2 591.03	2 906.16	15 787.13	792.28	1 240.02	856.98
黑 龙 江	64 233.59	7 788.26	6 168.82	48 030.03	2 246.49	2 437.49	1 752.40
上　　海	104 405.15	10 829.68	12 423.85	74 123.94	7 027.69	2 574.35	2 574.35
江　　苏	78 269.02	11 310.25	15 396.89	48 755.13	2 806.74	6 308.42	5 821.90
浙　　江	101 023.59	22 970.06	22 613.66	50 166.09	5 273.78	8 738.88	7 868.45
安　　徽	40 153.54	2 675.41	4 752.18	30 569.86	2 156.10	1 085.09	972.20
福　　建	57 528.36	13 973.03	11 975.51	28 465.09	3 114.74	4 887.30	4 788.46
江　　西	42 744.60	2 294.10	2 354.36	36 839.04	1 257.10	1 225.25	1 101.75
山　　东	68 336.22	19 484.01	26 077.08	18 310.15	4 464.98	11 180.97	10 460.23
河　　南	41 382.61	4 343.74	922.51	35 419.20	697.17	717.41	577.86
湖　　北	29 414.31	1 258.04	1 400.12	24 974.50	1 781.65	785.02	611.01
湖　　南	32 026.85	2 134.25	2 243.45	26 064.59	1 584.56	762.62	544.46
广　　东	40 776.31	24 321.85	9 781.50	5 865.72	807.24	2 779.52	2 719.06
广　　西	43 047.17	15 459.57	4 712.86	22 140.01	734.73	4 345.55	4 168.26
海　　南	21 168.16	4 522.62	2 278.40	13 386.41	980.72	751.97	740.70
重　　庆	67 286.20	4 051.32	5 326.85	55 453.51	2 454.52	3 692.80	3 424.07
四　　川	56 994.39	4 469.62	3 535.24	46 513.59	2 475.93	3 283.70	2 880.21
贵　　州	9 119.13	1 284.59	829.00	6 790.05	215.48	1 254.62	813.02
云　　南	78 521.42	4 761.59	5 177.97	65 916.34	2 665.52	738.33	543.88
西　　藏							
陕　　西	106 528.31	7 855.15	6 229.41	87 776.47	4 667.28	4 251.99	4 193.04
甘　　肃	11 989.32	429.21	1 363.60	9 398.35	798.16	2 347.74	1 765.12
青　　海	7 571.43		2 571.43	5 000.00		15 238.10	15 238.10
宁　　夏	118 052.67	8 533.08	6 674.60	100 258.62	2 586.37	1 082.05	807.29
新　　疆	159 745.61	7 643.10	14 941.42	136 669.46	491.63	6 793.86	6 793.86

各地区渔民家庭收支调查（四）

单位：元/人

地　　区	四、税费支出	其中：渔业税费支出	五、转移性支出	六、纯收入	其中：渔业纯收入	七、可支配收入	八、生活消费支出
全国总计	**3 199.36**	**3 050.33**	**1 731.39**	**25 777.21**	**17 334.22**	**25 039.37**	**11 192.44**
北　京	1 327.73	1 327.42	1 091.86	14 236.30	2 700.84	13 439.82	16 533.08
天　津	19 204.33	16 634.02	1 364.88	29 142.63	16 713.90	28 070.14	16 525.42
河　北	19 194.59	19 194.59	1 098.89	26 358.29	22 448.58	27 651.20	11 019.20
山　西	657.02	601.75	1 449.32	14 475.03	10 427.07	13 258.32	10 403.00
内蒙古	413.11	310.36	1 458.71	16 304.96	9 307.29	15 114.55	10 538.95
辽　宁	9 635.72	9 354.65	4 634.09	28 171.83	19 823.69	24 410.55	16 291.66
吉　林	2 889.54	2 878.07	541.57	17 010.65	8 723.86	16 645.47	8 452.73
黑龙江	3 429.79	3 420.16	528.46	26 217.75	20 322.19	26 637.90	7 939.90
上　海	8 559.13	8 559.13	1 358.52	30 920.24	26 701.16	30 073.18	11 937.98
江　苏	7 737.55	7 353.41	2 848.17	30 510.52	21 246.97	28 352.58	11 922.14
浙　江	6 701.21	5 791.27	3 865.31	33 579.63	17 394.19	30 856.20	20 618.86
安　徽	6 221.91	5 869.56	1 657.04	27 539.35	17 733.56	27 734.75	10 515.51
福　建	468.22	449.68	916.08	29 122.92	22 304.05	28 426.10	11 149.81
江　西	1 878.38	1 819.64	1 469.76	22 517.13	14 036.43	23 337.10	10 200.15
山　东	1 371.33	1 363.35	1 540.07	27 089.75	23 044.51	26 809.88	10 430.14
河　南	1 932.14	1 930.12	765.56	19 408.17	11 477.33	19 529.96	7 976.57
湖　北	1 674.68	1 629.19	1 540.83	26 276.13	15 588.74	25 866.97	8 428.72
湖　南	1 322.79	932.68	1 973.76	22 523.03	12 436.10	21 824.91	10 389.89
广　东	90.91	84.54	1 157.49	25 201.04	17 890.18	24 160.99	10 036.75
广　西	1 635.65	1 615.73	1 470.19	22 899.38	13 681.60	22 296.06	12 204.03
海　南			507.94	17 745.42	13 818.79	18 684.27	9 431.65
重　庆	8 831.22	8 610.61	2 258.00	23 148.83	16 621.61	22 274.62	9 088.64
四　川	5 337.06	5 309.26	1 810.63	24 467.08	14 605.67	24 106.96	11 586.77
贵　州	233.12	178.57	568.68	14 303.26	8 349.82	13 900.06	7 044.52
云　南	6 166.59	6 104.65	1 038.36	22 991.54	15 589.42	22 225.21	9 914.76
西　藏							
陕　西	3 378.46	3 187.28	1 344.45	16 756.62	11 729.61	17 110.65	12 354.82
甘　肃	54.65	53.17	564.76	10 977.02	5 656.15	11 065.95	4 471.07
青　海	42.86		828.57	17 004.76	-6 666.67	28 308.33	6 585.71
宁　夏	3 260.48	3 260.48	1 990.46	18 326.83	13 445.86	16 833.56	12 854.01
新　疆	266.95	266.95	895.40	20 528.30	18 603.63	20 312.83	14 521.34

第二部分

生　　产

2-1 水产品总产量

全国水产品总产量

单位：吨

指　标	2023 年	2022 年	2023 年比 2022 年增减（±）	
			绝对量	幅度（%）
全国总计	**71 161 716**	**68 659 122**	**2 502 594**	**3.64**
海水产品	35 853 172	34 595 280	1 257 892	3.64
淡水产品	35 308 544	34 063 842	1 244 702	3.65
养殖产量	58 096 109	55 654 627	2 441 482	4.39
海水养殖	23 955 970	22 756 987	1 198 983	5.27
淡水养殖	34 140 139	32 897 640	1 242 499	3.78
捕捞产量	13 065 607	13 004 495	61 112	0.47
海洋捕捞	9 574 869	9 508 508	66 361	0.70
远洋渔业	2 322 333	2 329 785	-7 452	-0.32
淡水捕捞	1 168 405	1 166 202	2 203	0.19
养殖产品中：鱼类	29 773 022	29 030 385	742 637	2.56
甲壳类	7 383 530	6 848 368	535 162	7.81
贝类	16 659 011	15 885 589	773 422	4.87
藻类	2 883 051	2 723 905	159 146	5.84
其他类	1 397 495	1 166 380	231 115	19.81
捕捞产品中：鱼类	7 368 432	7 316 987	51 445	0.70
甲壳类	2 025 401	2 008 904	16 497	0.82
贝类	480 022	494 600	-14 578	-2.95
藻类	21 976	19 398	2 578	13.29
头足类	593 590	591 514	2 076	0.35
其他类	253 853	243 307	10 546	4.33

各地区水产品产量（一）

单位：吨

地　　区	2023 年							
	总产量	1. 养殖产品小计	（1）海水养殖	（2）淡水养殖	2. 捕捞产品小计	（1）海洋捕捞	（2）远洋渔业	（3）淡水捕捞
全国总计	**71 161 716**	**58 096 109**	**23 955 970**	**34 140 139**	**13 065 607**	**9 574 869**	**2 322 333**	**1 168 405**
北　　京	18 554	9 894		9 894	8 660		7 292	1 368
天　　津	291 197	254 422	10 605	243 817	36 775	27 101	7 039	2 635
河　　北	1 147 389	876 753	608 091	268 662	270 636	190 146	39 201	41 289
山　　西	55 455	54 991		54 991	464			464
内 蒙 古	111 657	101 703		101 703	9 954			9 954
辽　　宁	5 081 185	4 379 783	3 567 798	811 985	701 402	493 661	173 668	34 073
吉　　林	255 310	236 799		236 799	18 511			18 511
黑 龙 江	775 427	724 847		724 847	50 580			50 580
上　　海	227 280	99 788		99 788	127 492	9 596	117 399	497
江　　苏	5 220 527	4 571 692	950 899	3 620 793	648 835	417 605	51 356	179 874
浙　　江	6 479 255	2 998 955	1 618 059	1 380 896	3 480 300	2 572 000	744 353	163 947
安　　徽	2 540 415	2 441 235		2 441 235	99 180			99 180
福　　建	8 901 956	6 749 291	5 798 416	950 875	2 152 665	1 529 038	550 871	72 756
江　　西	2 966 762	2 935 237		2 935 237	31 525			31 525
山　　东	9 139 462	6 939 404	5 810 029	1 129 375	2 200 058	1 723 239	371 863	104 956
河　　南	979 498	869 392		869 392	110 106			110 106
湖　　北	5 227 890	5 206 376		5 206 376	21 514			21 514
湖　　南	2 858 964	2 857 278		2 857 278	1 686			1 686
广　　东	9 240 225	7 957 083	3 572 835	4 384 248	1 283 142	1 136 931	71 773	74 438
广　　西	3 785 901	3 214 282	1 732 371	1 481 911	571 619	475 555	16 008	80 056
海　　南	1 751 693	739 147	286 867	452 280	1 012 546	999 997		12 549
重　　庆	588 903	588 903		588 903				
四　　川	1 788 643	1 788 643		1 788 643				
贵　　州	281 547	277 208		277 208	4 339			4 339
云　　南	701 723	672 811		672 811	28 912			28 912
西　　藏	224	58		58	166			166
陕　　西	180 409	180 409		180 409				
甘　　肃	14 883	14 883		14 883				
青　　海	18 899	15 246		15 246	3 653			3 653
宁　　夏	174 974	168 182		168 182	6 792			6 792
新　　疆	183 999	171 414		171 414	12 585			12 585
中农发集团	171 510				171 510		171 510	

各地区水产品产量（二）

单位：吨

地 区	2022年							
	总产量	1. 养殖产品小计	（1）海水养殖	（2）淡水养殖	2. 捕捞产品小计	（1）海洋捕捞	（2）远洋渔业	（3）淡水捕捞
全国总计	**68 659 122**	**55 654 627**	**22 756 987**	**32 897 640**	**13 004 495**	**9 508 508**	**2 329 785**	**1 166 202**
北 京	17 492	10 439		10 439	7 053		4 252	2 801
天 津	281 198	247 153	9 771	237 382	34 045	23 794	7 468	2 783
河 北	1 124 367	853 521	580 005	273 516	270 846	190 614	42 590	37 642
山 西	53 081	52 619		52 619	462			462
内蒙古	108 696	98 711		98 711	9 985			9 985
辽 宁	4 892 341	4 224 209	3 392 947	831 262	668 132	461 607	172 614	33 911
吉 林	251 246	232 675		232 675	18 571			18 571
黑龙江	735 001	685 000		685 000	50 001			50 001
上 海	254 657	115 810		115 810	138 847	10 038	128 020	789
江 苏	5 048 566	4 443 520	924 037	3 519 483	605 046	412 345	15 838	176 863
浙 江	6 217 152	2 802 721	1 495 736	1 306 985	3 414 431	2 572 416	685 946	156 069
安 徽	2 455 031	2 346 395		2 346 395	108 636			108 636
福 建	8 613 939	6 395 400	5 477 892	917 508	2 218 539	1 531 200	615 303	72 036
江 西	2 832 383	2 800 506		2 800 506	31 877			31 877
山 东	8 812 740	6 651 168	5 560 794	1 090 374	2 161 572	1 687 960	373 700	99 912
河 南	942 473	831 545		831 545	110 928			110 928
湖 北	5 004 205	4 980 200		4 980 200	24 005			24 005
湖 南	2 725 944	2 723 905		2 723 905	2 039			2 039
广 东	8 940 291	7 677 336	3 396 736	4 280 600	1 262 955	1 124 205	61 933	76 817
广 西	3 656 705	3 078 015	1 656 464	1 421 551	578 690	476 405	18 972	83 313
海 南	1 703 110	673 384	262 605	410 779	1 029 726	1 017 924		11 802
重 庆	566 303	566 303		566 303				
四 川	1 721 461	1 721 461		1 721 461				
贵 州	268 433	264 074		264 074	4 359			4 359
云 南	678 824	652 178		652 178	26 646			26 646
西 藏	125	50		50	75			75
陕 西	173 500	173 500		173 500				
甘 肃	14 380	14 380		14 380				
青 海	18 881	15 123		15 123	3 758			3 758
宁 夏	170 448	163 871		163 871	6 577			6 577
新 疆	173 000	159 455		159 455	13 545			13 545
中农发集团	203 149				203 149		203 149	

各地区水产品产量（三）

单位：吨

地　　区	2023 年比 2022 年增减（±）							
	总产量	1. 养殖产品小计	（1）海水养殖	（2）淡水养殖	2. 捕捞产品小计	（1）海洋捕捞	（2）远洋渔业	（3）淡水捕捞
全国总计	**2 502 594**	**2 441 482**	**1 198 983**	**1 242 499**	**61 112**	**66 361**	**−7 452**	**2 203**
北　　京	1 062	−545		−545	1 607		3 040	−1 433
天　　津	9 999	7 269	834	6 435	2 730	3 307	−429	−148
河　　北	23 022	23 232	28 086	−4 854	−210	−468	−3 389	3 647
山　　西	2 374	2 372		2 372	2			2
内 蒙 古	2 961	2 992		2 992	−31			−31
辽　　宁	188 844	155 574	174 851	−19 277	33 270	32 054	1 054	162
吉　　林	4 064	4 124		4 124	−60			−60
黑 龙 江	40 426	39 847		39 847	579			579
上　　海	−27 377	−16 022		−16 022	−11 355	−442	−10 621	−292
江　　苏	171 961	128 172	26 862	101 310	43 789	5 260	35 518	3 011
浙　　江	262 103	196 234	122 323	73 911	65 869	−416	58 407	7 878
安　　徽	85 384	94 840		94 840	−9 456			−9 456
福　　建	288 017	353 891	320 524	33 367	−65 874	−2 162	−64 432	720
江　　西	134 379	134 731		134 731	−352			−352
山　　东	326 722	288 236	249 235	39 001	38 486	35 279	−1 837	5 044
河　　南	37 025	37 847		37 847	−822			−822
湖　　北	223 685	226 176		226 176	−2 491			−2 491
湖　　南	133 020	133 373		133 373	−353			−353
广　　东	299 934	279 747	176 099	103 648	20 187	12 726	9 840	−2 379
广　　西	129 196	136 267	75 907	60 360	−7 071	−850	−2 964	−3 257
海　　南	48 583	65 763	24 262	41 501	−17 180	−17 927		747
重　　庆	22 600	22 600		22 600				
四　　川	67 182	67 182		67 182				
贵　　州	13 114	13 134		13 134	−20			−20
云　　南	22 899	20 633		20 633	2 266			2 266
西　　藏	99	8		8	91			91
陕　　西	6 909	6 909		6 909				
甘　　肃	503	503		503				
青　　海	18	123		123	−105			−105
宁　　夏	4 526	4 311		4 311	215			215
新　　疆	10 999	11 959		11 959	−960			−960
中农发集团	−31 639				−31 639		−31 639	

2-2 水产养殖

全国水产养殖产量（按水域和养殖方式分）

单位：吨

指　标		2023 年	2022 年	2023 年比 2022 年增减（±）	
				绝对量	幅度（%）
全国总计		**58 096 109**	**55 654 627**	**2 441 482**	**4.39**
1. 海水养殖		23 955 970	22 756 987	1 198 983	5.27
按水域分	海上	14 615 913	13 525 449	1 090 464	8.06
	滩涂	6 289 343	6 431 117	-141 774	-2.20
	其他	3 050 714	2 800 421	250 293	8.94
养殖方式中	池塘	3 115 841	2 923 468	192 373	6.58
	普通网箱	703 445	640 849	62 596	9.77
	深水网箱	472 785	393 299	79 486	20.21
	筏式	7 698 018	6 823 971	874 047	12.81
	吊笼	1 883 001	1 760 921	122 080	6.93
	底播	5 664 397	5 629 280	35 117	0.62
	工厂化	444 679	389 583	55 096	14.14
2. 淡水养殖		34 140 139	32 897 640	1 242 499	3.78
按水域分	池塘	24 531 933	24 142 957	388 976	1.61
	湖泊	959 996	827 814	132 182	15.97
	水库	3 055 800	2 870 302	185 498	6.46
	河沟	485 583	466 815	18 768	4.02
	其他	940 328	717 597	222 731	31.04
	稻田养成鱼	4 166 499	3 872 155	294 344	7.60
养殖方式中	围栏	31 033	24 671	6 362	25.79
	网箱	271 202	288 033	-16 831	-5.84
	工厂化	501 699	403 494	98 205	24.34

全国海水养殖产量（一）

单位：吨

指　　标	2023 年	2022 年	2023 年比 2022 年增减（±）	
			绝对量	幅度（%）
海水养殖	**23 955 970**	**22 756 987**	**1 198 983**	**5.27**
1. 鱼类	2 057 102	1 925 574	131 528	6.83
其中：鲈鱼	246 918	218 053	28 865	13.24
鲆鱼	101 935	100 694	1 241	1.23
大黄鱼	280 997	257 683	23 314	9.05
军曹鱼	33 210	28 971	4 239	14.63
鰤鱼	19 352	20 949	-1 597	-7.62
鲷鱼	147 314	136 487	10 827	7.93
美国红鱼	64 749	62 844	1 905	3.03
河鲀	15 152	16 626	-1 474	-8.87
石斑鱼	241 480	205 816	35 664	17.33
鲽鱼	12 904	12 879	25	0.19
卵形鲳鲹	292 263	245 435	46 828	19.08
2. 甲壳类	2 055 110	1 952 476	102 634	5.26
虾	1 766 331	1 661 765	104 566	6.29
其中：南美白对虾	1 429 832	1 340 280	89 552	6.68
斑节对虾	128 420	114 360	14 060	12.29
中国对虾	27 140	30 929	-3 789	-12.25
日本对虾	45 968	46 199	-231	-0.50
蟹	288 779	290 711	-1 932	-0.66
其中：梭子蟹	101 614	109 017	-7 403	-6.79
青蟹	157 012	154 661	2 351	1.52

全国海水养殖产量（二）

单位：吨

指 标	2023 年	2022 年	2023 年比 2022 年增减（±）	
			绝对量	幅度（%）
3. 贝类	16 460 579	15 695 844	764 735	4. 87
其中：牡蛎	6 671 197	6 199 540	471 657	7. 61
鲍	244 991	228 190	16 801	7. 36
螺	339 737	323 079	16 658	5. 16
蚶	343 500	345 371	-1 871	-0. 54
贻贝	777 065	771 230	5 835	0. 76
江珧	3 769	9 367	-5 598	-59. 76
扇贝	1 854 344	1 792 240	62 104	3. 47
蛤	4 449 106	4 378 040	71 066	1. 62
蛏	850 743	847 626	3 117	0. 37
4. 藻类	2 871 947	2 713 914	158 033	5. 82
其中：海带	1 779 885	1 430 575	349 310	24. 42
裙带菜	205 551	206 129	-578	-0. 28
紫菜	209 939	217 658	-7 719	-3. 55
江蓠	546 227	610 824	-64 597	-10. 58
麒麟菜	395	266	129	48. 50
石花菜				
羊栖菜	41 321	33 372	7 949	23. 82
苔菜				
5. 其他类	511 232	469 179	42 053	8. 96
其中：海参	292 045	248 508	43 537	17. 52
海胆（千克）	4 770 648	5 154 819	-384 171	-7. 45
海水珍珠（千克）	2 149	2 309	-160	-6. 93
海蜇	80 521	84 160	-3 639	-4. 32

全国淡水养殖产量

单位：吨

指　　标	2023 年	2022 年	2023 年比 2022 年增减（±）	
			绝对量	幅度（%）
淡水养殖产量	**34 140 139**	**32 897 640**	**1 242 499**	**3.78**
1. 鱼类	27 715 920	27 104 811	611 109	2.25
2. 甲壳类	5 328 420	4 895 892	432 528	8.83
虾	4 439 791	4 080 574	359 217	8.80
其中：罗氏沼虾	196 374	177 836	18 538	10.42
青虾	226 392	226 312	80	0.04
克氏原螯虾	3 161 022	2 890 684	270 338	9.35
南美白对虾	808 558	758 350	50 208	6.62
蟹（河蟹）	888 629	815 318	73 311	8.99
3. 贝类	198 432	189 745	8 687	4.58
其中：河蚌	57 687	52 221	5 466	10.47
螺	96 960	94 681	2 279	2.41
蚬	20 851	21 550	-699	-3.24
4. 藻类（螺旋藻）	11 104	9 991	1 113	11.14
5. 其他类	886 263	697 201	189 062	27.12
其中：龟	63 344	53 902	9 442	17.52
鳖	497 536	373 709	123 827	33.13
蛙	274 978	215 084	59 894	27.85
珍珠（千克）	754 920	697 388	57 532	8.25
6. 观赏鱼（万尾）	355 464	355 976	-511	-0.14

全国淡水养殖主要鱼类产量

单位：吨

指 标	2023 年	2022 年	2023 年比 2022 年增减（±）	
			绝对量	幅度（%）
青鱼	800 057	748 026	52 031	6.96
草鱼	5 941 315	5 904 805	36 510	0.62
鲢鱼	3 860 380	3 879 775	-19 395	-0.50
鳙鱼	3 349 884	3 268 510	81 374	2.49
鲤鱼	2 873 211	2 843 157	30 054	1.06
鲫鱼	2 840 261	2 849 494	-9 233	-0.32
鳊鲂	738 727	767 343	-28 616	-3.73
泥鳅	342 621	374 981	-32 360	-8.63
鲇鱼	316 385	325 356	-8 971	-2.76
鮰鱼	441 027	416 200	24 827	5.97
黄颡鱼	622 651	599 801	22 850	3.81
鲑鱼	2 022	2 911	-889	-30.54
鳟鱼	41 116	37 345	3 771	10.10
河鲀	11 830	14 434	-2 604	-18.04
短盖巨脂鲤	39 335	43 181	-3 846	-8.91
长吻鮠	48 614	23 907	24 707	103.35
黄鳝	355 203	334 215	20 988	6.28
鳜鱼	477 592	401 490	76 102	18.95
池沼公鱼	3 821	3 944	-123	-3.12
银鱼	11 516	12 177	-661	-5.43
鲈鱼	888 030	802 486	85 544	10.66
乌鳢	605 438	553 196	52 242	9.44
罗非鱼	1 816 828	1 738 947	77 881	4.48
鲟鱼	149 376	130 951	18 425	14.07
鳗鲡	291 566	281 730	9 836	3.49

各地区海水养殖产量（按品种分）（一）

单位：吨

地区	海水养殖产量	1. 鱼类	其中					
			鲈鱼	鲆鱼	大黄鱼	军曹鱼	鲕鱼	鲷鱼
全国总计	**23 955 970**	**2 057 102**	**246 918**	**101 935**	**280 997**	**33 210**	**19 352**	**147 314**
天　津	10 605	599						
河　北	608 091	24 164		7 824				
辽　宁	3 567 798	68 022	8 297	53 505				5
上　海								
江　苏	950 899	61 129	18	4 683				
浙　江	1 618 059	78 212	14 031	112	40 558			3 701
福　建	5 798 416	532 424	38 871	5 240	237 543		3 501	51 630
山　东	5 810 029	84 288	9 149	30 571	2 327			231
广　东	3 572 835	903 785	166 963		569	23 318	15 825	87 380
广　西	1 732 371	146 113	7 974			36		3 275
海　南	286 867	158 366	1 615			9 856	26	1 092

各地区海水养殖产量（按品种分）（二）

单位：吨

地区	1. 鱼类（续）					2. 甲壳类	(1) 虾	其中
	其中（续）							
	美国红鱼	河鲀	石斑鱼	鲽鱼	卵形鲳鲹			南美白对虾
全国总计	**64 749**	**15 152**	**241 480**	**12 904**	**292 263**	**2 055 110**	**1 766 331**	**1 429 832**
天　津			120			10 006	10 006	10 006
河　北		3 143	1 931	8 602		53 685	50 928	37 356
辽　宁		1 932				29 646	29 402	18 854
上　海								
江　苏				1 005		110 514	85 959	27 888
浙　江	8 621		938		15	126 487	74 765	46 848
福　建	17 421	8 665	40 745	2	375	225 194	148 115	125 956
山　东	232	1 068	1 583	2 360		248 936	228 237	193 641
广　东	34 422	344	107 477		154 827	807 488	719 042	586 190
广　西	1 845		2 773	935	88 061	343 291	332 396	327 907
海　南	2 208		85 913		48 985	99 863	87 481	55 186

各地区海水养殖产量（按品种分）（三）

单位：吨

地区	2. 甲壳类（续）						3. 贝类
	(1) 虾（续）			(2) 蟹	其中		
	其中（续）						
	斑节对虾	中国对虾	日本对虾		梭子蟹	青蟹	
全国总计	**128 420**	**27 140**	**45 968**	**288 779**	**101 614**	**157 012**	**16 460 579**
天 津							
河 北	127	7 765	5 213	2 757	2 757		459 213
辽 宁		7 852	2 696	244	115		2 760 358
上 海							
江 苏	14 364	2 722	626	24 555	21 291	1 993	727 079
浙 江	869	398	1 597	51 722	19 496	27 601	1 261 609
福 建	7 728	2 382	7 647	77 079	29 704	39 662	3 580 362
山 东	1 157	6 019	21 197	20 699	19 255	326	4 610 979
广 东	89 029	2	6 941	88 446	8 996	64 330	1 799 967
广 西	1 072		51	10 895		10 889	1 233 098
海 南	14 074			12 382		12 211	27 914

各地区海水养殖产量（按品种分）（四）

单位：吨

地区	3. 贝类（续）								
	其中								
	牡蛎	鲍	螺	蚶	贻贝	江珧	扇贝	蛤	蛏
全国总计	**6 671 197**	**244 991**	**339 737**	**343 500**	**777 065**	**3 769**	**1 854 344**	**4 449 106**	**850 743**
天 津									
河 北	16 017		20 310	4 673			357 194	60 538	281
辽 宁	522 792	1 352		47 411	32 731		344 810	1 577 128	38 037
上 海									
江 苏	128 841		64 491	30 098	30 206			380 441	35 657
浙 江	366 129		21 073	155 268	260 317		301	90 784	338 094
福 建	2 247 218	195 878	9 017	56 657	102 895		15 488	525 655	297 178
山 东	1 475 830	38 800	9 564	6 686	282 385	249	1 023 104	1 284 583	138 159
广 东	1 197 283	8 961	52 155	40 306	63 521	3 520	111 119	198 052	3 190
广 西	715 524		141 834	345	5 010		1 550	330 678	147
海 南	1 563		21 293	2 056			778	1 247	

各地区海水养殖产量（按品种分）（五）

单位：吨

地　区	4. 藻类	其中					
		海带	裙带菜	紫菜	江蓠	麒麟菜	石花菜
全国总计	**2 871 947**	**1 779 885**	**205 551**	**209 939**	**546 227**	**395**	
天　津							
河　北							
辽　宁	507 774	352 278	152 727				
上　海							
江　苏	35 936			35 936			
浙　江	145 970	20 193		83 087			
福　建	1 395 620	897 018		64 521	376 710		
山　东	732 201	507 647	52 019	12 100	138 915		
广　东	52 900	2 749	805	14 295	30 559		
广　西	1 000						
海　南	546				43	395	

各地区海水养殖产量（按品种分）（六）

单位：吨

地　区	4. 藻类（续）		5. 其他	其中			
	其中（续）						
	羊栖菜	苔菜		海参	海胆（千克）	海水珍珠（千克）	海蜇
全国总计	**41 321**		**511 232**	**292 045**	**4 770 648**	**2 149**	**80 521**
天　津							
河　北			71 029	17 214			1 080
辽　宁			201 998	113 658	1 086 480		63 983
上　海							
江　苏			16 241	78			11 995
浙　江	35 593		5 781	97			889
福　建	5 728		64 816	54 018			2 444
山　东			133 625	106 868	3 535 348		130
广　东			8 695	30	148 750	1 574	
广　西			8 869			575	
海　南			178	82	70		

各地区海水养殖产量（按水域和养殖方式分）（一）

单位：吨

地　区	海水养殖产量	按养殖水域分			养殖方式中
		1. 海上	2. 滩涂	3. 其他	1. 池塘
全国总计	**23 955 970**	**14 615 913**	**6 289 343**	**3 050 714**	**3 115 841**
天　津	10 605			10 605	6 719
河　北	608 091	415 346	55 341	137 404	114 999
辽　宁	3 567 798	2 518 604	804 556	244 638	266 597
上　海					
江　苏	950 899	303 747	503 833	143 319	256 068
浙　江	1 618 059	812 894	460 922	344 243	315 613
福　建	5 798 416	4 149 294	1 167 021	482 101	306 114
山　东	5 810 029	4 236 701	1 266 287	307 041	296 642
广　东	3 572 835	1 511 805	1 219 288	841 742	1 025 793
广　西	1 732 371	578 915	774 473	378 983	368 299
海　南	286 867	88 607	37 622	160 638	158 997

各地区海水养殖产量（按水域和养殖方式分）（二）

单位：吨

地　区	养殖方式中（续）					
	2. 普通网箱	3. 深水网箱	4. 筏式	5. 吊笼	6. 底播	7. 工厂化
全国总计	**703 445**	**472 785**	**7 698 018**	**1 883 001**	**5 664 397**	**444 679**
天　津						766
河　北	1 111		389 061		49 662	26 649
辽　宁	30 348	3 209	1 318 631	71 154	1 705 540	55 210
上　海						
江　苏		88	125 211	37 294	468 979	22 663
浙　江	35 389	33 405	643 674	23 023	314 587	6 870
福　建	325 608	126 243	2 139 063	184 851	496 597	60 224
山　东	116 352	30 133	2 090 189	1 385 643	1 684 125	206 692
广　东	133 843	142 984	538 212	171 342	545 062	17 176
广　西	53 755	68 654	453 977	9 694	396 237	981
海　南	7 039	68 069			3 608	47 448

各地区淡水养殖产量（按品种分）（一）

单位：吨

地　　区	淡水养殖产量	1. 鱼类	其　中				
			青鱼	草鱼	鲢鱼	鳙鱼	鲤鱼
全国总计	**34 140 139**	**27 715 920**	**800 057**	**5 941 315**	**3 860 380**	**3 349 884**	**2 873 211**
北　　京	9 894	9 894	253	3 030	585	222	3 868
天　　津	243 817	194 159	43	37 992	19 587	9 131	80 341
河　　北	268 662	240 666	258	33 318	33 511	16 530	107 982
山　　西	54 991	53 298	451	16 269	10 303	4 093	11 368
内 蒙 古	101 703	95 992		13 726	16 048	14 402	37 914
辽　　宁	811 985	721 401	514	106 883	85 281	52 568	313 061
吉　　林	236 799	222 091	2 267	21 241	52 530	41 446	54 026
黑 龙 江	724 847	698 019	611	75 611	138 842	59 504	249 403
上　　海	99 788	74 437	2 922	19 304	7 342	7 413	217
江　　苏	3 620 793	2 566 579	124 856	454 369	474 075	284 380	186 941
浙　　江	1 380 896	1 040 213	80 101	96 012	139 662	106 464	36 200
安　　徽	2 441 235	1 518 901	77 509	276 356	264 225	272 378	86 975
福　　建	950 875	779 491	14 272	181 569	85 157	66 650	57 952
江　　西	2 935 237	2 506 597	67 221	693 913	306 231	450 440	151 823
山　　东	1 129 375	939 087	6 817	221 143	163 859	113 918	215 130
河　　南	869 392	788 224	14 763	149 336	184 416	139 339	134 814
湖　　北	5 206 376	3 613 579	216 790	849 770	512 129	479 467	82 511
湖　　南	2 857 278	2 196 113	90 923	655 795	335 761	319 762	162 372
广　　东	4 384 248	3 947 418	62 040	931 893	188 765	323 306	80 279
广　　西	1 481 911	1 387 175	17 954	345 590	236 503	187 930	163 116
海　　南	452 280	431 049	900	4 295	4 961	9 632	2 099
重　　庆	588 903	560 710	2 946	150 755	115 848	62 061	46 992
四　　川	1 788 643	1 679 941	3 063	312 046	336 350	201 365	207 630
贵　　州	277 208	266 273	2 289	45 282	25 407	32 410	96 536
云　　南	672 811	660 058	8 539	94 746	54 831	53 296	147 292
西　　藏	58	57					
陕　　西	180 409	166 107	764	44 112	26 938	18 342	49 282
甘　　肃	14 883	14 447	991	4 473	1 201	386	3 523
青　　海	15 246	15 234		48	11		182
宁　　夏	168 182	165 201		46 707	15 838	11 408	69 118
新　　疆	171 414	163 509		55 731	24 183	11 641	34 264

各地区淡水养殖产量（按品种分）（二）

单位：吨

地 区	1. 鱼类（续）						
	其中（续）						
	鲫鱼	鳊鲂	泥鳅	鲇鱼	鮰鱼	黄颡鱼	鲑鱼
全国总计	**2 840 261**	**738 727**	**342 621**	**316 385**	**441 027**	**622 651**	**2 022**
北 京	421	355			287	119	
天 津	32 418	669	2 397	137	4 103	699	
河 北	20 146	40	3 004	290	3 614	1 243	1
山 西	1 217	8	3	21	1 219	192	
内 蒙 古	10 493	466	634	1 103	31	104	1
辽 宁	66 654	4 212	1 886	35 775	127	1 270	685
吉 林	32 049	1 978	3 700	3 841		2 507	288
黑 龙 江	128 035	245	4 972	3 661	5	1 545	
上 海	9 452	1 143	29	1	431	1 499	
江 苏	587 693	153 969	33 235	2 899	1 261	28 667	
浙 江	101 208	32 426	29 965	1 099	2 558	101 366	66
安 徽	196 728	91 384	38 214	14 741	7 379	37 402	
福 建	42 131	4 539	2 466	10 278	5 164	6 121	
江 西	272 852	64 252	84 107	35 707	8 946	68 895	40
山 东	91 916	1 954	4 303	16 019	17 304	1 754	
河 南	54 788	8 502	5 836	6 533	67 837	1 535	
湖 北	362 988	229 544	41 164	14 478	79 741	169 529	
湖 南	228 956	88 241	17 565	23 492	18 405	37 880	15
广 东	153 645	16 641	27 290	27 736	83 924	89 798	
广 西	34 783	1 612	2 918	27 874	22 411	8 564	1
海 南	705	104	73	564			
重 庆	100 660	5 393	6 272	6 764	6 859	12 364	130
四 川	226 344	28 906	29 560	73 499	85 555	45 014	395
贵 州	9 889	309	982	2 865	2 575	1 615	7
云 南	42 245	513	1 114	5 698	4 141	2 345	11
西 藏							32
陕 西	5 295	274	776	173	6 812	434	
甘 肃	833	78	1	21	40	4	323
青 海	203						
宁 夏	13 715		121	836	5 935		
新 疆	11 799	970	34	280	4 363	186	27

各地区淡水养殖产量（按品种分）（三）

单位：吨

地　　区	1. 鱼类（续）						
	其中（续）						
	鳟鱼	河鲀	短盖巨脂鲤	长吻鮠	黄鳝	鳜鱼	池沼公鱼
全国总计	**41 116**	**11 830**	**39 335**	**48 614**	**355 203**	**477 592**	**3 821**
北　　京	122						
天　　津						53	
河　　北	1 416		7		13	48	113
山　　西	1 321					4	5
内 蒙 古	38					20	560
辽　　宁	3 237					363	1 156
吉　　林	278					333	1 625
黑 龙 江	169					1 369	328
上　　海		54				32	
江　　苏		3 682	175	21	4 591	32 266	
浙　　江	89		98	1 555	349	9 471	28
安　　徽	1		1 169	11	33 095	52 218	
福　　建	7		1 586	839	388	1 123	
江　　西	70		3 411	718	99 395	48 360	
山　　东	138		1 640		702	1 783	
河　　南	432		267		2 483	299	
湖　　北				17 430	169 752	134 198	
湖　　南	791		1	325	30 968	37 553	
广　　东	40	8 094	15 949	2 004	1 643	153 219	
广　　西	207		14 181	29	959	401	
海　　南			313		4		
重　　庆	1 651		99	2 724	1 051	593	
四　　川	1 750			21 203	9 327	3 762	
贵　　州	365			624	192	42	
云　　南	3 442		439	1 131	257	34	2
西　　藏	20						
陕　　西	2 507				34	48	
甘　　肃	1 820						4
青　　海	14 498						
宁　　夏							
新　　疆	6 707						

各地区淡水养殖产量（按品种分）（四）

单位：吨

地　区	1. 鱼类（续）						2. 甲壳类
	其中（续）						
	银鱼	鲈鱼	乌鳢	罗非鱼	鲟鱼	鳗鲡	
全国总计	**11 516**	**888 030**	**605 438**	**1 816 828**	**149 376**	**291 566**	**5 328 420**
北　京		226		81	244		
天　津		699		2 487			49 545
河　北	32	1 621	68	5 751	7 609		26 211
山　西	7	2 299	233	3 092	1 139		1 456
内 蒙 古	159	19	159	24			1 719
辽　宁	607	248	195	683	2 030		88 168
吉　林	2 341	31	1 587	2	21		6 203
黑 龙 江	2 099	156	492				21 446
上　海		6 289		133		55	25 010
江　苏	180	52 460	21 461	2 098	816	7 447	989 910
浙　江	73	164 651	43 177	1 705	7 142	1 545	197 435
安　徽	2 179	19 220	30 416	2 323	590	318	802 434
福　建		15 270	3 382	127 520	2 662	114 788	129 721
江　西	1 427	30 052	37 289	4 611	5 352	29 357	278 718
山　东	720	10 699	33 788	9 254	14 789		178 903
河　南	21	14 173	958	483	1 253		62 954
湖　北	1 195	72 966	29 923	1 869	17 081	8 447	1 457 741
湖　南	86	44 149	31 140	799	6 907	2 518	490 097
广　东	3	367 643	349 602	778 471	499	120 040	358 519
广　西	113	11 889	2 144	261 459	1 395	5 541	23 281
海　南				397 491	88	910	7 836
重　庆		8 388	8 175	5 408	5 186		21 250
四　川	25	40 213	10 822	3 959	7 115	600	88 243
贵　州		10 475	167	217	32 538		3 351
云　南	162	5 675	155	204 157	27 039		4 527
西　藏		1		4			1
陕　西	87	3 180	52	1 296	5 380		4 296
甘　肃		6	1	30	667		419
青　海		239					12
宁　夏		1 054	8		211		1 169
新　疆		4 039	44	1 421	1 623		7 845

各地区淡水养殖产量（按品种分）（五）

单位：吨

地　　区	2. 甲壳类（续）						3. 贝类	其中
	(1) 虾	其　中				(2) 蟹（河蟹）		河蚌
		罗氏沼虾	青虾	克氏原螯虾	南美白对虾			
全国总计	**4 439 791**	**196 374**	**226 392**	**3 161 022**	**808 558**	**888 629**	**198 432**	**57 687**
北　　京								
天　　津	43 686	20			39 719	5 859		
河　　北	21 976	8	36	7	21 922	4 235		
山　　西	1 307		1	286	939	149	80	80
内 蒙 古	1 029		138		888	690		
辽　　宁	18 166				12 596	70 002		
吉　　林	220		181			5 983	3	3
黑 龙 江	2 191			345	8	19 255		
上　　海	18 992	1 379	91	205	17 317	6 018		
江　　苏	584 450	61 485	102 766	280 307	136 069	405 460	37 360	6 154
浙　　江	187 213	31 969	26 714	44 673	80 745	10 222	10 878	3 465
安　　徽	696 112	2 108	52 026	639 276	2 404	106 322	45 602	26 443
福　　建	129 326	2 979	1 102	2 691	121 311	395	31 573	3 221
江　　西	264 528	1 210	24 365	236 948	2 005	14 190	37 235	8 599
山　　东	152 819	267	783	63 197	82 811	26 084	367	191
河　　南	60 888	644	4 201	54 270	1 697	2 066	352	258
湖　　北	1 265 809	1 849	8 734	1 242 701	11 025	191 932	5 391	2 389
湖　　南	481 987	3 093	1 982	461 495	8 118	8 110	11 779	4 445
广　　东	355 006	85 084	1 420	2 860	256 801	3 513	3 357	250
广　　西	22 964	1 518	649	20 173	169	317	10 311	1 349
海　　南	7 836	1 127	57	336	3 786		68	
重　　庆	20 853	357	257	18 272	1 589	397	106	
四　　川	86 928	570	536	83 752	1 946	1 315	1 774	771
贵　　州	3 164	12	29	2 609	227	187	906	42
云　　南	4 228	490	320	3 205	141	299	1 290	27
西　　藏	1	1						
陕　　西	3 102	69	3	2 387	488	1 194		
甘　　肃	46	7		1	28	373		
青　　海	12				12			
宁　　夏	205		1	2	202	964		
新　　疆	4 747	128		1 024	3 595	3 098		

各地区淡水养殖产量（按品种分）（六）

单位：吨

地 区	3. 贝类（续）		4. 藻类（螺旋藻）	5. 其他类	其 中				6. 观赏鱼（万尾）
	其中（续）								
	螺	蚬			龟	鳖	蛙	珍珠（千克）	
全国总计	**96 960**	**20 851**	**11 104**	**886 263**	**63 344**	**497 536**	**274 978**	**754 920**	**355 464**
北 京									14 777
天 津				113		113			11 326
河 北				1 785		1 461	282		4 859
山 西				157	44	105			532
内 蒙 古			3 957	35		34			13
辽 宁				2 416			2 106		
吉 林				8 502			8 502		29 521
黑 龙 江				5 382			5 382		
上 海				341	96	245			5 107
江 苏	23 359	7 728	1 331	25 613	1 449	17 896	4 191	53 001	82 665
浙 江	5 161	173	507	131 863	11 525	94 017	16 166	252 969	7 054
安 徽	18 126	799		74 298	5 413	57 108	10 619	161 664	14 391
福 建	3 916	8 091	248	9 842	324	5 180	2 083		2 702
江 西	23 142	3 391	1 964	110 723	8 118	38 592	61 850	260 000	3 704
山 东	56			11 018	8	6 817	389	3 000	69 922
河 南	84	10		17 862	28	16 557	1 179		28 010
湖 北	2 697	305		129 665	17 429	83 736	28 500		1 519
湖 南	6 318	101		159 289	4 710	110 451	40 437	116	1 541
广 东	2 112	111		74 954	11 775	41 991	10 823	43	54 704
广 西	8 722	142		61 144	2 050	18 816	37 130		31
海 南	31		918	12 409	245	64	10 769		258
重 庆	106			6 837	58	1 234	5 495		8 535
四 川	1 003			18 685	48	2 271	15 678	24 127	5 390
贵 州	864			6 678	17	52	6 388		93
云 南	1 263		351	6 585	7	14	6 501		3 962
西 藏									
陕 西				10 006		721	508		4 035
甘 肃				17		17			1
青 海									
宁 夏			1 768	44		44			749
新 疆			60						66

各地区淡水养殖产量（按水域和养殖方式分）（一）

单位：吨

地　区	淡水养殖产量	按水域分			
		1. 池塘	2. 湖泊	3. 水库	4. 河沟
全国总计	**34 140 139**	**24 531 933**	**959 996**	**3 055 800**	**485 583**
北　京	9 894	9 473			
天　津	243 817	238 559			206
河　北	268 662	231 150	2 526	19 564	766
山　西	54 991	36 978	456	12 975	21
内蒙古	101 703	57 567	17 534	23 922	2 055
辽　宁	811 985	608 154	79	111 985	1 863
吉　林	236 799	95 444	39 344	80 487	9 420
黑龙江	724 847	488 449	80 022	108 489	18 295
上　海	99 788	98 449	850		320
江　苏	3 620 793	2 830 902	70 491	44 049	112 668
浙　江	1 380 896	1 087 197	5 626	72 638	29 315
安　徽	2 441 235	1 225 356	235 207	120 003	102 485
福　建	950 875	590 635	3 137	185 235	42 696
江　西	2 935 237	1 884 841	268 789	402 955	38 158
山　东	1 129 375	866 232	3 306	141 612	
河　南	869 392	678 265	3 781	84 382	12 756
湖　北	5 206 376	3 797 057	122 113	131 694	
湖　南	2 857 278	1 936 287	55 202	221 686	10 731
广　东	4 384 248	4 108 056	8 506	216 877	7 263
广　西	1 481 911	842 495		450 291	58 191
海　南	452 280	398 787	456	41 806	
重　庆	588 903	497 306		54 620	
四　川	1 788 643	985 739	915	216 456	28 464
贵　州	277 208	151 681		34 741	38
云　南	672 811	409 967	750	190 220	594
西　藏	58	58			
陕　西	180 409	103 865	6 804	40 735	7 829
甘　肃	14 883	10 343	103	3 053	16
青　海	15 246	176	76	14 881	
宁　夏	168 182	131 354	33 026	1 090	165
新　疆	171 414	131 111	897	29 354	1 268

各地区淡水养殖产量（按水域和养殖方式分）（二）

单位：吨

地 区	按水域分（续）		养殖方式中		
	5. 其他	6. 稻田	1. 围栏	2. 网箱	3. 工厂化
全国总计	**940 328**	**4 166 499**	**31 033**	**271 202**	**501 699**
北 京	421				405
天 津	432	4 620			
河 北	11 355	3 301		115	2 193
山 西	4 134	427		35	4 090
内蒙古	3	622			3
辽 宁	28 312	61 592	800	63 558	12
吉 林	296	11 808	1 220	3 337	271
黑龙江	16 770	12 822		1 703	
上 海	24	145			24
江 苏	155 535	407 148	2 513	18 561	18 184
浙 江	30 857	155 263	2 027	7 098	22 729
安 徽	42 370	715 814	5 891	15 334	34 000
福 建	108 538	20 634	85	19 977	98 823
江 西	48 034	292 460	93	13 397	44 789
山 东	95 612	22 613	566	2 295	90 184
河 南	32 717	57 491		1 600	3 107
湖 北	88 483	1 067 029			81 524
湖 南	53 588	579 784		8 793	39 460
广 东	41 056	2 490		730	14 338
广 西	70 008	60 926	17 778	56 129	9 514
海 南	8 438	2 793	60	692	4 582
重 庆	13 756	23 221			881
四 川	35 620	521 449			3 912
贵 州	11 810	78 938			3 477
云 南	21 524	49 756		33 115	16 749
西 藏					
陕 西	9 013	12 163		3 525	5 383
甘 肃	1 367	1		259	154
青 海	113			14 693	72
宁 夏	2 002	545			14
新 疆	8 140	644		6 256	2 825

2-3 国内捕捞

全国海洋捕捞产量

单位：吨

指　　标	2023 年	2022 年	2023 年比 2022 年增减（±）	
			绝对量	幅度（%）
海洋捕捞产量	**9 574 869**	**9 508 508**	**66 361**	**0.70**
1. 鱼类	6 459 965	6 418 652	41 313	0.64
2. 甲壳类	1 904 573	1 885 340	19 233	1.02
虾	1 253 687	1 237 649	16 038	1.30
其中：毛虾	348 059	362 709	−14 650	−4.04
对虾	219 175	207 519	11 656	5.62
鹰爪虾	249 221	243 304	5 917	2.43
虾蛄	227 265	222 009	5 256	2.37
蟹	650 886	647 691	3 195	0.49
其中：梭子蟹	461 683	458 297	3 386	0.74
青蟹	67 079	69 025	−1 946	−2.82
蟳	23 467	24 448	−981	−4.01
3. 贝类	353 174	362 916	−9 742	−2.68
4. 藻类	21 973	19 392	2 581	13.31
5. 头足类	593 590	591 514	2 076	0.35
其中：乌贼	132 813	129 685	3 128	2.41
鱿鱼	314 565	312 123	2 442	0.78
章鱼	112 130	109 971	2 159	1.96
6. 其他类	241 594	230 694	10 900	4.72
其中：海蜇	147 693	145 125	2 568	1.77

全国海洋捕捞主要鱼类产量

单位：吨

指 标	2023 年	2022 年	2023 年比 2022 年增减（±）	
			绝对量	幅度（%）
海鳗	322 029	326 726	-4 697	-1.44
鳓鱼	59 159	57 833	1 326	2.29
鳀鱼	632 576	601 461	31 115	5.17
沙丁鱼	84 588	83 190	1 398	1.68
鲱鱼	8 368	8 650	-282	-3.26
石斑鱼	113 218	105 792	7 426	7.02
鲷	133 365	126 969	6 396	5.04
蓝圆鲹	394 026	395 862	-1 836	-0.46
白姑鱼	90 224	90 895	-671	-0.74
黄姑鱼	67 023	66 002	1 021	1.55
鮸鱼	57 152	58 204	-1 052	-1.81
大黄鱼	39 011	37 098	1 913	5.16
小黄鱼	267 298	268 730	-1 432	-0.53
梅童鱼	179 194	189 604	-10 410	-5.49
方头鱼	36 530	36 479	51	0.14
玉筋鱼	87 003	83 602	3 401	4.07
带鱼	910 275	903 498	6 777	0.75
金线鱼	309 387	313 852	-4 465	-1.42
梭鱼	102 719	104 424	-1 705	-1.63
鲐鱼	394 073	371 772	22 301	6.00
鲅鱼	367 965	356 177	11 788	3.31
金枪鱼	38 253	40 461	-2 208	-5.46
鲳鱼	340 982	341 563	-581	-0.17
马面鲀	119 172	122 258	-3 086	-2.52
竹筴鱼	25 348	26 577	-1 229	-4.62
鲻鱼	69 611	69 534	77	0.11

全国海洋捕捞产量（按海域、渔具分）

单位：吨

指　　标		2023 年	2022 年	2023 年比 2022 年增减（±）	
				绝对量	幅度（%）
合　计		**9 574 869**	**9 508 508**	**66 361**	**0.70**
按捕捞海域分	渤海	642 336	607 888	34 448	5.67
	黄海	2 216 458	2 187 889	28 569	1.31
	东海	4 103 592	4 094 197	9 395	0.23
	南海	2 612 483	2 618 534	-6 051	-0.23
按捕捞渔具分	拖网	4 640 050	4 513 297	126 753	2.81
	围网	784 750	748 732	36 018	4.81
	刺网	2 323 178	2 261 745	61 433	2.72
	张网	848 890	939 126	-90 236	-9.61
	钓具	356 343	331 135	25 208	7.61
	其他渔具	621 658	714 473	-92 815	-12.99

全国淡水捕捞产量

单位：吨

指　　标	2023 年	2022 年	2023 年比 2022 年增减（±）	
			绝对量	幅度（%）
淡水捕捞产量	**1 168 405**	**1 166 202**	**2 203**	**0.19**
1. 鱼类	908 467	898 335	10 132	1.13
2. 甲壳类	120 828	123 564	-2 736	-2.21
虾	95 950	95 944	6	0.01
蟹	24 878	27 620	-2 742	-9.93
3. 贝类	126 848	131 684	-4 836	-3.67
4. 藻类	3	6	-3	-50.00
5. 其他类	12 259	12 613	-354	-2.81
其中：丰年虫	257	2 990	-2 733	-91.40

各地区海洋捕捞产量（按品种分）（一）

单位：吨

地 区	海洋捕捞产量	1. 鱼类	其中				
			海鳗	鳓鱼	鳀鱼	沙丁鱼	鲱鱼
全国总计	**9 574 869**	**6 459 965**	**322 029**	**59 159**	**632 576**	**84 588**	**8 368**
天 津	27 101	23 755			15 593		
河 北	190 146	91 332			32 599		
辽 宁	493 661	259 798	151	52	32 649	959	36
上 海	9 596	3 941	151	1			
江 苏	417 605	232 438	6 891	1 775	1 450	268	87
浙 江	2 572 000	1 688 988	74 282	12 219	43 086	5 727	1 208
福 建	1 529 038	1 086 269	55 737	9 396	57 582	6 555	3 314
山 东	1 723 239	1 203 926	14 201		422 926	5 064	
广 东	1 136 931	815 015	84 814	20 645	21 581	41 134	2 726
广 西	475 555	260 879	10 849	13 964		10 180	758
海 南	999 997	793 624	74 953	1 107	5 110	14 701	239

各地区海洋捕捞产量（按品种分）（二）

单位：吨

地 区	1. 鱼类（续）							
	其中（续）							
	石斑鱼	鲷鱼	蓝圆鲹	白姑鱼	黄姑鱼	鮸鱼	大黄鱼	小黄鱼
全国总计	**113 218**	**133 365**	**394 026**	**90 224**	**67 023**	**57 152**	**39 011**	**267 298**
天 津								321
河 北	20						41	5 800
辽 宁	2 131	138		579	1 081	131	5 399	46 864
上 海					3	6	8	12
江 苏	24	256	25	2 858	4 977	1 670	483	24 647
浙 江	1 256	7 712	37 520	48 132	36 109	38 083	899	109 765
福 建	14 147	40 190	191 260	7 936	7 587	10 561	1 137	9 085
山 东				9 984	6 374		644	44 088
广 东	45 328	40 768	77 558	14 901	4 012	3 637	26 340	20 007
广 西	4 637	20 900	51 792	1 195	55	685		
海 南	45 675	23 401	35 871	4 639	6 825	2 379	4 060	6 709

各地区海洋捕捞产量（按品种分）（三）

单位：吨

地区	1. 鱼类（续）							
	其中（续）							
	梅童鱼	方头鱼	玉筋鱼	带鱼	金线鱼	梭鱼	鲐鱼	鲅鱼
全国总计	**179 194**	**36 530**	**87 003**	**910 275**	**309 387**	**102 719**	**394 073**	**367 965**
天　津				1 049		342	2 187	1 554
河　北				1 454		11 151	5 465	8 668
辽　宁	2 326	319	3 056	10 530		10 608	16 124	37 251
上　海	8			16				5
江　苏	51 644	354	352	45 128	30	5 190	3 982	6 847
浙　江	106 546	17 280	22 459	374 322	1 601	3 123	178 351	69 301
福　建	16 953	4 002	6 035	132 979	9 123	14 834	119 156	39 322
山　东			41 038	91 874		26 015	29 866	180 297
广　东	1 716	4 972	351	115 727	65 613	19 019	22 422	17 849
广　西		30		21 926	26 333	7 178	8 844	1 800
海　南	1	9 573	13 712	115 270	206 687	5 259	7 676	5 071

各地区海洋捕捞产量（按品种分）（四）

单位：吨

地区	1. 鱼类（续）					2. 甲壳类		
	其中（续）						(1) 虾	其中
	金枪鱼	鲳鱼	马面鲀	竹筴鱼	鲻鱼			毛虾
全国总计	**38 253**	**340 982**	**119 172**	**25 348**	**69 611**	**1 904 573**	**1 253 687**	**348 059**
天　津		121				1 207	715	
河　北		2 312	271		2 350	57 463	37 153	4 792
辽　宁	100	824	228		4 443	109 491	72 296	17 131
上　海		53				5 372	749	
江　苏		27 447	668	12	9 704	123 609	42 413	23 634
浙　江	2 594	103 865	19 305	676	6 793	712 449	532 544	142 966
福　建	1 882	57 307	30 571	7 819	17 444	266 786	150 165	44 381
山　东	60	33 022	3 177			213 208	166 294	50 405
广　东	6 593	66 643	29 366	3 669	11 333	225 575	146 262	31 781
广　西		8 313	18 968	148	7 387	115 636	62 714	25 074
海　南	27 024	41 075	16 618	13 024	10 157	73 777	42 382	7 895

各地区海洋捕捞产量（按品种分）（五）

单位：吨

地 区	2. 甲壳类（续）						
	(1) 虾（续）			(2) 蟹	其 中		
	其中（续）						
	对虾	鹰爪虾	虾蛄		梭子蟹	青蟹	蟳
全国总计	**219 175**	**249 221**	**227 265**	**650 886**	**461 683**	**67 079**	**23 467**
天 津	40		400	492			
河 北	2 163	1 462	26 920	20 310	13 473	15	3 341
辽 宁	5 995	4 582	31 471	37 195	22 611	3 644	3 976
上 海	3	697		4 623	3 654		
江 苏	1 682	6 677	7 078	81 196	74 230	1 780	1 080
浙 江	68 603	155 074	54 492	179 905	143 682	3 113	3 898
福 建	24 758	34 651	27 576	116 621	82 114	11 510	4 445
山 东	14 214	23 300	48 339	46 914	32 168	213	1 560
广 东	69 770	12 174	23 295	79 313	44 674	27 670	2 686
广 西	14 729	7 323	4 572	52 922	27 000	8 233	2 070
海 南	17 218	3 281	3 122	31 395	18 077	10 901	411

各地区海洋捕捞产量（按品种分）（六）

单位：吨

地 区	3. 贝类	4. 藻类	5. 头足类	其 中			6. 其他类	其中
				乌贼	鱿鱼	章鱼		海蜇
全国总计	**353 174**	**21 973**	**593 590**	**132 813**	**314 565**	**112 130**	**241 594**	**147 693**
天 津	1 730		409		299	110		
河 北	14 970		11 387	1 300	1 341	7 592	14 994	10 937
辽 宁	55 691	584	22 692	3 476	10 745	3 820	45 405	8 994
上 海	5		101	20	14	66	177	170
江 苏	27 941	906	12 397	2 163	6 665	3 054	20 314	13 043
浙 江	10 088	590	137 435	38 274	69 219	25 472	22 450	7 046
福 建	23 291	1 897	138 324	32 386	82 639	17 282	12 471	10 303
山 东	126 846	4 276	99 190	11 658	44 409	31 703	75 793	62 127
广 东	28 393	4 152	49 278	13 545	21 572	10 902	14 518	8 052
广 西	43 168		30 311	10 584	14 959	4 239	25 561	24 976
海 南	21 051	9 568	92 066	19 407	62 703	7 890	9 911	2 045

各地区海洋捕捞产量（按海域分）

单位：吨

地　　区	海洋捕捞产量	按捕捞海域分			
		1. 渤海	2. 黄海	3. 东海	4. 南海
全国总计	**9 574 869**	**642 336**	**2 216 458**	**4 103 592**	**2 612 483**
天　　津	27 101	11 926	15 175		
河　　北	190 146	144 686	45 460		
辽　　宁	493 661	195 929	297 643	89	
上　　海	9 596			9 596	
江　　苏	417 605		377 123	40 482	
浙　　江	2 572 000		47 613	2 524 387	
福　　建	1 529 038			1 529 038	
山　　东	1 723 239	289 795	1 433 444		
广　　东	1 136 931				1 136 931
广　　西	475 555				475 555
海　　南	999 997				999 997

各地区海洋捕捞产量（按渔具分）

单位：吨

地　　区	海洋捕捞产量	按捕捞渔具分					
		1. 拖网	2. 围网	3. 刺网	4. 张网	5. 钓具	6. 其他
全国总计	**9 574 869**	**4 640 050**	**784 750**	**2 323 178**	**848 890**	**356 343**	**621 658**
天　　津	27 101	12 609	5 700	7 587	87		1 118
河　　北	190 146	34 945	8 993	83 241	31 996	175	30 796
辽　　宁	493 661	172 101	4 952	247 848	35 489	13 878	19 393
上　　海	9 596	9 275			321		
江　　苏	417 605	60 153	3 511	129 343	162 619	212	61 767
浙　　江	2 572 000	1 513 356	132 755	395 274	335 109	32 385	163 121
福　　建	1 529 038	649 889	274 186	226 023	186 314	60 225	132 401
山　　东	1 723 239	1 178 115	39 795	379 849	70 923	21 558	32 999
广　　东	1 136 931	539 204	111 780	375 581	2 210	76 362	31 794
广　　西	475 555	322 400	38 030	53 354	138	5 822	55 811
海　　南	999 997	148 003	165 048	425 078	23 684	145 726	92 458

各地区淡水捕捞产量（按品种分）

单位：吨

地 区	淡水捕捞产量	1. 鱼类	2. 甲壳类	虾	蟹	3. 贝类	4. 藻类	5. 其他类	其中：丰年虫
全国总计	**1 168 405**	**908 467**	**120 828**	**95 950**	**24 878**	**126 848**	**3**	**12 259**	**257**
北 京	1 368	1 368							
天 津	2 635	2 017	493	324	169	125			
河 北	41 289	39 008	2 277	1 910	367	1		3	
山 西	464	371	13	10	3			80	80
内 蒙 古	9 954	9 611	29	28	1	300		14	11
辽 宁	34 073	30 008	3 125	697	2 428			940	
吉 林	18 511	17 622	653	645	8	236			
黑 龙 江	50 580	49 801	9	9		752		18	
上 海	497	477	9	7	2			11	
江 苏	179 874	105 885	24 259	18 339	5 920	47 442		2 288	
浙 江	163 947	123 080	13 985	10 593	3 392	25 342		1 540	
安 徽	99 180	70 287	19 411	17 233	2 178	8 743		739	
福 建	72 756	49 264	5 263	4 560	703	17 548		681	
江 西	31 525	25 783	3 048	2 772	276	1 974		720	
山 东	104 956	82 158	16 193	11 869	4 324	3 277		3 328	
河 南	110 106	93 719	10 984	10 681	303	5 403			
湖 北	21 514	17 995	3 134	2 904	230	251		134	
湖 南	1 686	1 020	161	142	19	491		14	
广 东	74 438	57 255	10 174	6 942	3 232	6 310		699	
广 西	80 056	67 920	4 550	3 825	725	6 751		835	
海 南	12 549	10 603	290	278	12	1 656			
重 庆									
四 川									
贵 州	4 339	3 947	379	368	11	13			
云 南	28 912	26 681	1 946	1 809	137	233	3	49	
西 藏	166							166	166
陕 西									
甘 肃									
青 海	3 653	3 569	84		84				
宁 夏	6 792	6 773	19		19				
新 疆	12 585	12 245	340	5	335				

2-4 远洋渔业

各地区远洋渔业

单位：吨、万元

地　　区	2023 年				2023 年比 2022 年增减（±）			
	远洋渔业产量	运回国内量	境外出售量	远洋渔业总产值	远洋渔业产量	运回国内量	境外出售量	远洋渔业总产值
全国总计	**2 322 333**	**1 844 543**	**477 790**	**2 543 097**	**−7 452**	**1 878**	**−9 330**	**100 786**
北　京	7 292	5 750	1 542	13 036	3 040	1 594	1 446	3 932
天　津	7 039	4 978	2 061	6 810	−429	−1 007	578	−1 056
河　北	39 201	2 194	37 007	10 751	−3 389	−2 320	−1 069	−3 090
辽　宁	173 668	47 925	125 743	150 447	1 054	−15 497	16 551	1 529
上　海	117 399	100 571	16 828	164 268	−10 621	−21 661	11 040	−4 209
江　苏	51 356	49 845	1 511	53 261	35 518	35 469	49	33 450
浙　江	744 353	717 485	26 868	821 810	58 407	57 190	1 217	87 310
福　建	550 871	423 034	127 837	392 048	−64 432	−54 779	−9 653	−29 863
山　东	371 863	327 393	44 470	526 823	−1 837	1 643	−3 480	−34 290
广　东	71 773	24 121	47 652	128 652	9 840	4 443	5 397	11 377
广　西	16 008	214	15 794	7 887	−2 964	−1 011	−1 953	−3 788
海　南								
中农发集团	171 510	141 033	30 477	267 304	−31 639	−2 186	−29 453	39 484

各地区远洋渔业主要品种产量

单位：吨

地　　区	远洋渔业产量	其　中	
		金枪鱼	鱿鱼
全国总计	**2 322 333**	**360 284**	**662 953**
北　京	7 292	400	6 232
天　津	7 039	289	501
河　北	39 201		2 636
辽　宁	173 668	4 417	8 911
上　海	117 399	95 825	13 105
江　苏	51 356	2 421	10 395
浙　江	744 353	127 731	453 082
福　建	550 871	4 321	44 518
山　东	371 863	61 265	72 479
广　东	71 773	21 207	5 205
广　西	16 008		
海　南			
中农发集团	171 510	42 408	45 889

第三部分

生产要素

3-1　水产养殖面积

全国水产养殖面积（按水域和养殖方式分）

单位：公顷

指　标		2023 年	2022 年	2023 年比 2022 年增减（±）	
				绝对量	幅度（%）
总　计		**7 624 603**	**7 107 504**	**517 099**	**7.28**
1. 海水养殖		2 214 872	2 074 420	140 452	6.77
按水域分	海上	1 337 145	1 188 386	148 759	12.52
	滩涂	572 683	575 080	−2 397	−0.42
	其他	305 044	310 954	−5 910	−1.90
养殖方式中	池塘	421 877	429 529	−7 652	−1.78
	普通网箱（米²）	105 131 748	65 788 135	39 343 613	59.80
	深水网箱（米³）	56 598 305	43 981 333	12 616 972	28.69
	筏式	418 683	381 945	36 738	9.62
	吊笼	162 642	151 159	11 483	7.60
	底播	984 291	881 780	102 511	11.63
	工厂化（米³）	44 639 167	43 194 026	1 445 141	3.35
2. 淡水养殖		5 409 731	5 033 084	376 647	7.48
按水域分	池塘	2 628 558	2 624 878	3 680	0.14
	湖泊	829 365	688 458	140 907	20.47
	水库	1 653 996	1 447 725	206 271	14.25
	河沟	146 580	141 886	4 694	3.31
	其他	151 232	130 137	21 095	16.21
	稻田养成鱼	2 993 563	2 863 706	129 857	4.53
养殖方式中	围栏（米²）	85 575 347	75 485 647	10 089 700	13.37
	网箱（米²）	14 588 059	13 467 662	1 120 397	8.32
	工厂化（米³）	50 098 519	60 141 871	−10 043 352	−16.70

全国海水养殖面积（按品种分）

单位：公顷

指　　标	2023 年	2022 年	2023 年比 2022 年增减（±）	
			绝对量	幅度（%）
海水养殖	**2 214 872**	**2 074 420**	**140 452**	**6.77**
1. 鱼类	76 266	74 617	1 649	2.21
2. 甲壳类	296 988	300 166	-3 178	-1.06
虾	245 705	247 485	-1 780	-0.72
其中：南美白对虾	163 638	163 396	242	0.15
斑节对虾	14 475	13 918	557	4.00
中国对虾	13 881	15 070	-1 189	-7.89
日本对虾	22 214	21 463	751	3.50
蟹	51 283	52 681	-1 398	-2.65
其中：梭子蟹	22 975	22 827	148	0.65
青蟹	24 809	24 170	639	2.64
3. 贝类	1 357 525	1 270 463	87 062	6.85
牡蛎	276 816	234 954	41 862	17.82
鲍	22 731	17 114	5 617	32.82
螺	39 297	38 950	347	0.89
蚶	33 033	32 629	404	1.24
贻贝	39 313	39 691	-378	-0.95
江珧	393	389	4	1.03
扇贝	338 927	388 980	-50 053	-12.87
蛤	409 057	394 057	15 000	3.81
蛏	49 586	42 838	6 748	15.75
4. 藻类	149 571	139 479	10 092	7.24
海带	50 795	45 627	5 168	11.33
裙带菜	10 854	7 619	3 235	42.46
紫菜	64 455	66 312	-1 857	-2.80
江蓠	17 123	13 924	3 199	22.97
麒麟菜	76	58	18	31.03
石花菜				
羊栖菜	1 757	1 595	162	10.16
苔菜				
5. 其他类	334 522	289 695	44 827	15.47
其中：海参	289 059	250 356	38 703	15.46
海胆	16 786	10 710	6 076	56.73
海水珍珠	1 774	1 769	5	0.28
海蜇	11 311	12 925	-1 614	-12.49

各地区水产养殖面积（一）

单位：公顷

地区	2023年				2022年				2023年比2022年增减（±）			
	总面积	海水养殖面积	淡水养殖面积	其中：池塘	总面积	海水养殖面积	淡水养殖面积	其中：池塘	总面积	海水养殖面积	淡水养殖面积	其中：池塘
全国总计	**7 624 603**	**2 214 872**	**5 409 731**	**2 628 558**	**7 107 504**	**2 074 420**	**5 033 084**	**2 624 878**	**517 099**	**140 452**	**376 647**	**3 680**
北京	1 360		1 360	1 359	1 387		1 387	1 383	-27		-27	-24
天津	23 028	941	22 087	22 028	23 449	1 005	22 444	22 385	-421	-64	-357	-357
河北	133 220	105 022	28 198	20 737	141 830	105 587	36 243	21 771	-8 610	-565	-8 045	-1 034
山西	17 246		17 246	3 208	16 772		16 772	2 879	474		474	329
内蒙古	112 092		112 092	15 643	113 034		113 034	15 811	-942		-942	-168
辽宁	966 258	773 974	192 284	36 549	869 487	677 201	192 286	36 475	96 771	96 773	-2	74
吉林	351 528		351 528	32 997	351 284		351 284	33 148	244		244	-151
黑龙江	435 020		435 020	111 236	427 000		427 000	107 793	8 020		8 020	3 443
上海	11 848		11 848	11 528	13 503		13 503	13 182	-1 655		-1 655	-1 654
江苏	580 787	171 452	409 335	306 946	584 591	172 188	412 403	310 605	-3 804	-736	-3 068	-3 659
浙江	256 896	84 255	172 641	88 443	250 559	83 439	167 120	91 690	6 337	816	5 521	-3 247
安徽	411 203		411 203	191 736	411 242		411 242	192 150	-39		-39	-414
福建	262 563	177 321	85 242	36 631	253 212	167 953	85 259	35 857	9 351	9 368	-17	774
江西	408 068		408 068	165 616	406 225		406 225	163 861	1 843		1 843	1 755
山东	803 772	646 026	157 746	96 822	772 328	617 464	154 864	94 739	31 444	28 562	2 882	2 083

各地区水产养殖面积（二）

单位：公顷

地区	2023年				2022年				2023年比2022年增减（±）			
	总面积	海水养殖面积	淡水养殖面积	其中：池塘	总面积	海水养殖面积	淡水养殖面积	其中：池塘	总面积	海水养殖面积	淡水养殖面积	其中：池塘
河南	125 523		125 523	97 909	124 961		124 961	97 844	562		562	65
湖北	886 963		886 963	535 522	526 602		526 602	526 602	360 361		360 361	8 920
湖南	452 170		452 170	274 368	449 145		449 145	277 708	3 025		3 025	−3 340
广东	477 345	172 133	305 212	259 232	473 655	166 596	307 059	259 198	3 690	5 537	−1 847	34
广西	216 356	69 075	147 281	61 365	200 997	67 393	133 604	61 009	15 359	1 682	13 677	356
海南	42 946	14 673	28 273	21 395	44 957	15 594	29 363	21 728	−2 011	−921	−1 090	−333
重庆	86 353		86 353	49 736	85 251		85 251	49 855	1 102		1 102	−119
四川	192 793		192 793	101 337	190 095		190 095	101 456	2 698		2 698	−119
贵州	69 001		69 001	15 037	67 554		67 554	14 477	1 447		1 447	560
云南	98 845		98 845	31 788	98 528		98 528	31 423	317		317	365
西藏	13		13	13	18		18	18	−5		−5	−5
陕西	50 245		50 245	11 646	52 670		52 670	12 890	−2 425		−2 425	−1 244
甘肃	8 102		8 102	1 584	7 932		7 932	1 564	170		170	20
青海	35 872		35 872	342	35 867		35 867	340	5		5	2
宁夏	22 659		22 659	10 619	22 724		22 724	10 596	−65		−65	23
新疆	84 528		84 528	15 186	90 645		90 645	14 441	−6 117		−6 117	745

各地区海水养殖面积（按品种分）（一）

单位：公顷

地区	海水养殖面积	1. 鱼类	2. 甲壳类	（1）虾	其中			
					南美白对虾	斑节对虾	中国对虾	日本对虾
全国总计	**2 214 872**	**76 266**	**296 988**	**245 705**	**163 638**	**14 475**	**13 881**	**22 214**
天　津	941	5	936	936	936			
河　北	105 022	610	25 857	24 121	14 805	90	4 366	4 292
辽　宁	773 974	6 692	16 784	16 436	4 358		5 666	6 145
上　海								
江　苏	171 452	2 051	22 701	13 307	2 069	3 127	1 473	200
浙　江	84 255	2 635	21 939	8 488	3 645	140	58	227
福　建	177 321	13 963	21 612	13 584	9 244	1 542	447	2 012
山　东	646 026	5 552	91 558	84 312	58 260	278	1 870	8 737
广　东	172 133	36 082	66 922	57 548	44 867	8 369	1	598
广　西	69 075	2 117	23 283	22 262	22 037	222		3
海　南	14 673	6 559	5 396	4 711	3 417	707		

各地区海水养殖面积（按品种分）（二）

单位：公顷

地区	2. 甲壳类（续）			3. 贝类	其中			
	（2）蟹	其中			牡蛎	鲍	螺	蚶
		梭子蟹	青蟹					
全国总计	**51 283**	**22 975**	**24 809**	**1 357 525**	**276 816**	**22 731**	**39 297**	**33 033**
天　津								
河　北	1 736	1 736		69 814	1 545		1 863	3 268
辽　宁	348	348		518 661	47 114	8 130		14 138
上　海								
江　苏	9 394	6 968	2 426	111 333	9 245		21 733	4 856
浙　江	13 451	3 145	7 613	40 358	6 491		4 042	5 822
福　建	8 028	3 452	4 076	86 413	42 153	7 029	444	2 110
山　东	7 246	6 858	334	422 449	118 603	6 836	1 333	698
广　东	9 374	443	8 709	64 682	35 333	736	4 759	1 995
广　西	1 021		1 021	41 270	15 322		4 396	136
海　南	685	25	630	2 545	1 010		727	10

各地区海水养殖面积（按品种分）（三）

单位：公顷

地　区	3. 贝类（续）					4. 藻类	其　中			
	其中（续）									
	贻贝	江珧	扇贝	蛤	蛏		海带	裙带菜	紫菜	江蓠
全国总计	**39 313**	**393**	**338 927**	**409 057**	**49 586**	**149 571**	**50 795**	**10 854**	**64 455**	**17 123**
天　津										
河　北			43 982	12 811	172					
辽　宁	2 854		166 731	171 450	8 966	21 527	12 027	9 300		
上　海										
江　苏	1 747			66 183	2 802	33 393			33 393	
浙　江	2 464		40	5 999	13 124	18 417	936		16 006	
福　建	2 299		382	16 431	13 570	51 891	23 271		12 030	14 986
山　东	26 021	93	122 864	105 670	10 189	22 222	14 493	1 544	2 274	1 267
广　东	3 910	300	4 732	10 922	458	1 910	68	10	752	843
广　西	18		43	19 053	305	59				
海　南			153	538		152				27

各地区海水养殖面积（按品种分）（四）

单位：公顷

地　区	4. 藻类（续）				5. 其他	其　中			
	其中（续）								
	麒麟菜	石花菜	羊栖菜	苔菜		海参	海胆	海水珍珠	海蜇
全国总计	**76**		**1 757**		**334 522**	**289 059**	**16 786**	**1 774**	**11 311**
天　津									
河　北					8 741	7 853			125
辽　宁					210 310	188 976	9 695		7 565
上　海									
江　苏					1 974	435			1 495
浙　江			1 475		906	9			533
福　建			282		3 442	1 644			1 486
山　东					104 245	89 924	5 556		107
广　东					2 537	206	1 526	623	
广　西					2 346			1 151	
海　南	76				21	12	9		

各地区海水养殖面积（按水域和养殖方式分）（一）

单位：公顷

地　区	海水养殖面积	按养殖水域分			养殖方式中	
		1. 海上	2. 滩涂	3. 其他	1. 池塘	2. 普通网箱（米^2）
全国总计	**2 214 872**	**1 337 145**	**572 683**	**305 044**	**421 877**	**105 131 748**
天　津	941			941	935	
河　北	105 022	60 291	15 916	28 815	28 837	5 082 000
辽　宁	773 974	557 719	130 236	86 019	83 889	75 710 250
上　海						
江　苏	171 452	47 153	105 429	18 870	28 688	
浙　江	84 255	27 184	33 681	23 390	22 743	592 584
福　建	177 321	106 850	42 946	27 525	20 586	15 487 634
山　东	646 026	452 733	156 035	37 258	122 426	3 426 725
广　东	172 133	57 059	63 707	51 367	82 061	3 149 740
广　西	69 075	23 089	21 823	24 163	23 685	547 955
海　南	14 673	5 067	2 910	6 696	8 027	1 134 860

各地区海水养殖面积（按水域和养殖方式分）（二）

单位：公顷

地　区	养殖方式中（续）				
	3. 深水网箱（米^3）	4. 筏式	5. 吊笼	6. 底播	7. 工厂化（米^3）
全国总计	**56 598 305**	**418 683**	**162 642**	**984 291**	**44 639 167**
天　津					127 868
河　北		46 227		13 063	5 184 800
辽　宁	291 418	69 074	3 338	555 216	3 878 017
上　海					
江　苏	30 000	37 130	5 067	88 889	632 500
浙　江	7 966 586	25 295	762	18 116	1 355 557
福　建	17 556 998	62 809	6 769	19 526	13 748 420
山　东	3 976 043	148 541	139 236	218 085	11 727 049
广　东	12 346 008	21 140	5 765	49 269	2 104 397
广　西	6 729 401	8 467	1 705	21 720	503 668
海　南	7 701 851			407	5 376 891

各地区淡水养殖面积（按水域和养殖方式分）（一）

单位：公顷

地　　区	淡水养殖面积	按水域分			
		1. 池塘	2. 湖泊	3. 水库	4. 河沟
全国总计	**5 409 731**	**2 628 558**	**829 365**	**1 653 996**	**146 580**
北　京	1 360	1 359			
天　津	22 087	22 028			35
河　北	28 198	20 737	1 000	5 582	341
山　西	17 246	3 208	1 152	12 872	5
内蒙古	112 092	15 643	46 386	46 574	3 489
辽　宁	192 284	36 549	88	99 397	4 756
吉　林	351 528	32 997	117 431	185 662	15 430
黑龙江	435 020	111 236	162 669	149 078	7 027
上　海	11 848	11 528	300		20
江　苏	409 335	306 946	40 856	11 639	28 362
浙　江	172 641	88 443	4 345	67 048	10 317
安　徽	411 203	191 736	96 063	74 844	42 085
福　建	85 242	36 631	355	41 985	3 014
江　西	408 068	165 616	85 095	144 162	11 082
山　东	157 746	96 822	1 762	56 072	
河　南	125 523	97 909	1 903	20 963	4 141
湖　北	886 963	535 522	152 560	182 604	
湖　南	452 170	274 368	62 187	103 050	1 115
广　东	305 212	259 232	1 476	39 896	726
广　西	147 281	61 365		79 914	3 235
海　南	28 273	21 395	25	6 501	
重　庆	86 353	49 736		36 503	
四　川	192 793	101 337	2 726	80 288	7 881
贵　州	69 001	15 037		52 752	150
云　南	98 845	31 788	1 400	64 738	221
西　藏	13	13			
陕　西	50 245	11 646	7 843	28 050	1 916
甘　肃	8 102	1 584	25	6 168	4
青　海	35 872	342	22 700	12 830	
宁　夏	22 659	10 619	10 416	968	492
新　疆	84 528	15 186	8 602	43 856	736

各地区淡水养殖面积（按水域和养殖方式分）（二）

单位：公顷

地　区	按水域分（续）		养殖方式中		
	5. 其他	6. 稻田	1. 围栏（米²）	2. 网箱（米²）	3. 工厂化（米³）
全国总计	**151 232**	**2 993 563**	**85 575 347**	**14 588 059**	**50 098 519**
北　京	1				103 866
天　津	24	36 462			85 000
河　北	538	5 966		7 035	173 480
山　西	9	366		1 800	440 340
内蒙古		11 162			2 300
辽　宁	51 494	88 508	550 020	1 036 832	57 940
吉　林	8	56 869	1 265 870	70 800	116 180
黑龙江	5 010	57 398		13 700	
上　海		103			30 500
江　苏	21 532	224 461	131 900	1 458 320	2 498 261
浙　江	2 488	61 202	282 475	350 989	11 030 310
安　徽	6 475	514 195	24 495 465	3 631 310	1 855 224
福　建	3 257	17 245	37 696	1 049 750	7 699 679
江　西	2 113	159 748	5 170 810	955 870	2 938 977
山　东	3 090	9 512	650 000	155 500	8 576 694
河　南	607	76 250		85 102	262 076
湖　北	16 277	564 400			7 392 000
湖　南	11 450	362 582		2 431 830	1 825 813
广　东	3 882	4 418		52 125	1 372 127
广　西	2 767	60 825	52 951 745	1 460 431	613 548
海　南	352	68	39 366	27 600	149 700
重　庆	114	32 777			82 815
四　川	561	338 733			287 246
贵　州	1 062	192 470			130 147
云　南	698	98 377		830 384	1 473 428
西　藏					
陕　西	790	17 679		83 860	344 030
甘　肃	321	1		95 583	7 687
青　海				436 938	208 271
宁　夏	164	1 005			10 000
新　疆	16 148	781		352 300	330 880

3-2 水产苗种

全国水产苗种数量

指　　标	计量单位	2023 年	2022 年	2023 年比 2022 年增减（±）	
				绝对量	幅度（%）
淡水鱼苗产量	**亿尾**	**14 889**	**13 765**	**1 124**	**8.17**
其中：罗非鱼	亿尾	163	175	-13	-7.39
淡水鱼种产量	吨	3 646 857	3 632 736	14 121	0.39
投放鱼种产量	吨	4 476 836	4 406 170	70 666	1.60
河蟹育苗量	千克	1 088 234	1 032 936	55 298	5.35
扣蟹	千克	77 766 410	72 836 173	4 930 237	6.77
稚鳖数量	万只	78 723	65 369	13 354	20.43
稚龟数量	万只	11 787	11 568	219	1.89
鳗苗捕捞量	千克	13 095	13 730	-635	-4.62
海水鱼苗产量	**万尾**	**1 332 550**	**1 318 273**	**14 277**	**1.08**
其中：大黄鱼	万尾	245 052	258 469	-13 417	-5.19
鲆鱼	万尾	53 371	50 181	3 190	6.36
虾类育苗量	亿尾	17 465	18 008	-544	-3.02
其中:南美白对虾	亿尾	12 989	13 886	-897	-6.46
贝类育苗量	万粒	406 389 493	547 021 295	-140 631 802	-25.71
其中:鲍鱼育苗量	万粒	1 280 514	1 396 259	-115 745	-8.29
海带育苗量	亿株	342	444	-103	-23.09
紫菜育苗量	亿贝壳	10	9	1	8.69
海参	亿头	646	628	18	2.94

各地区水产苗种数量（一）

地　　区	淡水鱼苗（亿尾）	其中：罗非鱼（亿尾）	淡水鱼种（吨）	投放鱼种（吨）	河蟹育苗（千克）	扣蟹（千克）
全国总计	**14 888. 83**	**162. 52**	**3 646 857**	**4 476 836**	**1 088 234**	**77 766 410**
北　　京	13. 19		1 826	4 110		
天　　津	92. 14	0. 02	10 958	28 632	4 350	345 951
河　　北	40. 67	0. 20	19 107	31 783		66 800
山　　西	1. 70	0. 01	3 116	6 554		6
内 蒙 古	2. 30		8 110	12 246		
辽　　宁	95. 00		92 182	92 018	90 800	34 181 454
吉　　林	12. 05		11 318	21 729		2 869 326
黑 龙 江	14. 00		42 090	94 563		2 122 172
上　　海	4. 95		1 224	9 439	6 386	4 949 000
江　　苏	502. 23	0. 34	248 359	362 692	962 067	17 691 774
浙　　江	312. 99	0. 04	52 358	90 917	423	141 822
安　　徽	479. 38	1. 09	311 242	406 549		12 224 298
福　　建	25. 29	4. 08	18 177	48 098		
江　　西	396. 93	2. 49	325 467	456 809	7 246	84 585
山　　东	78. 09	0. 07	91 299	126 976	14 500	64 164
河　　南	60. 14	0. 26	85 241	96 879		3 310
湖　　北	1 448. 07		1 162 554	1 171 061		2 601 935
湖　　南	733. 17		455 249	486 862		18 100
广　　东	7 717. 42	75. 05	172 103	190 783	2 462	
广　　西	2 166. 32	18. 63	139 882	150 148		
海　　南	53. 17	42. 71	2 023	2 395		
重　　庆	79. 93	0. 13	67 228	110 016		
四　　川	306. 28	0. 93	203 010	304 574		
贵　　州	69. 08		14 214	25 166		
云　　南	164. 07	16. 07	54 990	90 516		3 530
西　　藏	0. 17	0. 17	1			
陕　　西	6. 36	0. 23	11 126	9 999		300 000
甘　　肃	0. 55		2 359	2 456		11 051
青　　海	0. 13					15 100
宁　　夏	8. 53		21 844	25 066		72 032
新　　疆	4. 53		18 200	17 800		

各地区水产苗种数量（二）

地　　区	稚鳖（万只）	稚龟（万只）	鳗苗捕捞（千克）	海水鱼苗（万尾）	其中	
					大黄鱼（万尾）	鲆鱼（万尾）
全国总计	**78 723.10**	**11 786.87**	**13 095**	**1 332 549.97**	**245 052.37**	**53 371.00**
北　京						
天　津	95.00			5 644.00		5 450.00
河　北	541.00			8 188.00		739.00
山　西	26.96					
内蒙古	0.90					
辽　宁				4 239.00		4 059.00
吉　林						
黑龙江						
上　海	27.00	28.00	112			
江　苏	3 996.00	605.00	6 228	13 060.00	1 250.00	50.00
浙　江	9 605.92	1 560.03	1 749	53 760.60	29 950.00	60.00
安　徽	10 282.17	710.46				
福　建	145.40	10.27	4 987	328 008.00	213 700.00	120.00
江　西	17 140.74	2 874.90				
山　东	947.00	15.00		87 341.00		42 893.00
河　南	2 627.50	29.00				
湖　北	7 957.00	2 236.00				
湖　南	10 000.65	1 412.40				
广　东	7 390.00	1 693.00	19	677 057.00	115.00	
广　西	6 870.96	583.12		37.37	37.37	
海　南		21.50		155 215.00		
重　庆	57.80	1.70				
四　川	472.56	2.48				
贵　州	4.74	4.00				
云　南		0.01				
西　藏						
陕　西	527.80					
甘　肃	6.00					
青　海						
宁　夏						
新　疆						

各地区水产苗种数量（三）

地　　区	虾类育苗（亿尾）	其中：南美白对虾（亿尾）	贝类育苗（万粒）	其中：鲍鱼（万粒）	海带（亿株）	紫菜（亿贝壳）	海参（亿头）
全国总计	**17 464.76**	**12 989.22**	**406 389 493**	**1 280 514**	**341.76**	**9.63**	**646.49**
北　　京							
天　　津	54.28	51.28					
河　　北	598.20	579.15	500 000				39.65
山　　西							
内 蒙 古							
辽　　宁	141.00	94.00	5 723 044	10 478	6.00		221.00
吉　　林							
黑 龙 江							
上　　海	2.18						
江　　苏	235.89	196.20	20 885			1.92	
浙　　江	324.57	39.66	90 569 087		1.00	2.19	
安　　徽	337.45		87 811				
福　　建	970.35	688.67	246 410 543	1 046 184	245.76	4.14	0.01
江　　西	58.68		2 400				
山　　东	5 068.00	4 036.00	61 334 347	16 230	89.00		385.60
河　　南	21.48						
湖　　北	1 476.86		15				
湖　　南	104.15						
广　　东	5 967.00	5 351.00	528 390	207 514		1.38	0.23
广　　西	224.17	214.78	116 629	108			
海　　南	1 851.73	1 738.48	1 096 342				
重　　庆	7.10						
四　　川	21.39						
贵　　州							
云　　南	0.21						
西　　藏							
陕　　西	0.07						
甘　　肃							
青　　海							
宁　　夏							
新　　疆							

3-3 年末渔船拥有量

全国渔船年末拥有量（一）

指标		2023年			2022年			2023年比2022年增减（±）		
		艘	总吨	千瓦	艘	总吨	千瓦	艘	总吨	千瓦
渔船合计		**496 530**	**10 574 984**	**18 940 154**	**511 046**	**10 313 283**	**18 370 182**	**−14 516**	**261 701**	**569 972**
机动渔船合计		338 817	10 329 559	18 940 154	342 418	10 073 621	18 370 182	−3 601	255 938	569 972
1. 生产渔船		324 387	9 085 055	16 404 120	328 952	8 861 311	15 904 746	−4 565	223 744	499 374
（1）捕捞渔船		231 548	8 612 189	14 303 593	228 289	8 462 288	14 247 008	3 259	149 901	56 585
441千瓦（含）以上		3 416	1 946 748	3 046 981	3 438	1 935 449	3 091 959	−22	11 299	−44 978
44.1（含）~441千瓦		43 147	5 903 180	8 575 891	44 803	5 742 690	8 679 685	−1 656	160 490	−103 794
44.1千瓦以下		184 985	762 261	2 680 721	180 048	784 149	2 475 364	4 937	−21 888	205 357
（2）养殖渔船		92 839	472 866	2 100 527	100 663	399 023	1 657 738	−7 824	73 843	442 789
2. 辅助渔船		14 430	1 244 504	2 536 034	13 466	1 212 310	2 465 436	964	32 194	70 598
（1）捕捞辅助船		10 479	1 142 778	1 717 549	9 642	1 118 863	1 697 567	837	23 915	19 982
（2）渔业执法船		3 140	90 181	780 214	2 944	83 414	735 326	196	6 767	44 888
机动渔船按船长分	24米（含）以上	35 165	8 166 740	11 511 400	35 398	7 964 337	11 542 467	−233	202 403	−31 067
	12（含）~24米	38 332	1 277 259	3 364 136	35 041	1 186 626	2 932 789	3 291	90 633	431 347
	12米以下	265 320	885 560	4 064 618	271 979	922 658	3 894 926	−6 659	−37 098	169 692
非机动渔船合计		157 713	245 425		168 628	239 662		−10 915	5 763	

全国渔船年末拥有量（二）

指标		总数			海洋渔船			内陆渔船		
		艘	总吨	千瓦	艘	总吨	千瓦	艘	总吨	千瓦
渔船合计		**496 530**	**10 574 984**	**18 940 154**	**212 646**	**9 984 499**	**17 056 778**	**283 884**	**590 485**	**1 883 376**
机动渔船合计		338 817	10 329 559	18 940 154	210 591	9 977 898	17 056 778	128 226	351 661	1 883 376
1. 生产渔船		324 387	9 085 055	16 404 120	199 997	8 770 585	14 940 069	124 390	314 470	1 464 051
（1）捕捞渔船		231 548	8 612 189	14 303 593	135 379	8 364 002	13 108 120	96 169	248 187	1 195 473
441 千瓦（含）以上		3 416	1 946 743	3 046 981	3 416	1 946 748	3 046 981			
44.1（含）~441 千瓦		43 147	5 903 180	8 575 891	42 715	5 862 344	8 509 611	432	40 836	66 280
44.1 千瓦以下		184 985	762 261	2 680 721	89 248	554 910	1 551 528	95 737	207 351	1 129 193
（2）养殖渔船		92 839	472 866	2 100 527	64 618	406583	1 831 949	28 221	66 283	268 578
2. 辅助渔船		14 430	1 244 504	2 536 034	10 594	1207313	2 116 709	3 836	37 191	419 325
（1）捕捞辅助船		10 479	1 142 778	1717549	9 599	1138267	1 567 283	880	4 511	150 266
（2）渔业执法船		3 140	90 181	780214	520	59608	415422	2 620	30 573	364 792
机动渔船按船长分	24 米（含）以上	35 165	8 166 740	11 511 400	34 641	8 134 234	11 427 032	524	32 506	84 368
	12（含）~24 米	38 332	1 277 259	3 364 136	32 196	1 185 360	3 135 769	6 136	91 899	228 367
	12 米以下	265 320	885 560	4 064 618	143 754	658 304	2 493 977	121 566	227 256	1 570 641
非机动渔船合计		157 713	245 425		2 055	6601		155 658	238 824	

各地区机动渔船年末拥有量

地 区	2023 年			2022 年			2023 年比 2022 年增减（±）		
	艘	总吨	千瓦	艘	总吨	千瓦	艘	总吨	千瓦
全国总计	**338 817**	**10 329 559**	**18 940 154**	**342 418**	**10 073 621**	**18 370 182**	**-3 601**	**255 938**	**569 972**
北 京	26	9 472	12 891	32	10 260	14 371	-6	-788	-1 480
天 津	668	35 053	68 301	695	35 748	61 637	-27	-695	6 664
河 北	5 994	317 624	551 123	6 396	270 428	454 867	-402	47 196	96 256
山 西	138	219	1 539	165	282	1 817	-27	-63	-278
内蒙古	1 132	2 065	16 987	1 195	2 181	18 022	-63	-116	-1 035
辽 宁	26 384	675 117	1 763 651	29 700	693 789	1 810 844	-3 316	-18 672	-47 193
吉 林	3 971	7 582	71 840	4 149	7 147	73 029	-178	435	-1 189
黑龙江	9 367	15 935	115 368	9 626	16 001	109 076	-259	-66	6 292
上 海	471	99 463	174 951	512	107 348	181 411	-41	-7 885	-6 460
江 苏	27 573	430 338	905 871	29 373	401 028	901 567	-1 800	29 310	4 304
浙 江	22 611	2 912 970	4 124 457	25 025	2 920 240	4 193 984	-2 414	-7 270	-69 527
安 徽	4 974	52 125	110 497	5 309	52 348	102 495	-335	-223	8 002
福 建	47 680	2 038 522	3 251 156	46 920	1 920 898	3 070 850	760	117 624	180 306
江 西	5 861	22 162	64 278	7 847	28 382	77 939	-1 986	-6 220	-13 661
山 东	52 992	1 152 651	2 294 549	54 158	1 196 770	2 313 892	-1 166	-44 119	-19 343
河 南	3 549	18 016	61 269	3 610	18 084	62 458	-61	-68	-1 189
湖 北	5 252	9 885	66 777	8 418	13 501	83 033	-3 166	-3 616	-16 256
湖 南	9 161	16 744	55 096	9 384	16 412	54 129	-223	332	967
广 东	50 054	1 174 438	2 322 026	49 075	1 126 795	2 236 240	979	47 643	85 786
广 西	31 314	562 669	1 138 593	22 283	487 739	827 062	9 031	74 930	311 531
海 南	23 895	630 992	1 412 730	22 706	606 193	1 386 675	1 189	24 799	26 055
重 庆	291	2 237	25 026	206	1 463	10 835	85	774	14 191
四 川	305	1 860	17 099	421	1 976	16 749	-116	-116	350
贵 州	1 413	3 044	35 938	1 422	3 033	32 279	-9	11	3 659
云 南	888	2 918	26 257	893	2 896	25 443	-5	22	814
西 藏									
陕 西	469	3 297	10 296	568	1 324	8 097	-99	1 973	2 199
甘 肃	31	71	1 206	31	81	1 334		-10	-128
青 海	1 194	1 572	14 094	1 127	1 198	13 789	67	374	305
宁 夏	21	70	1 059	22	96	1 503	-1	-26	-444
新 疆	886	2 872	14 313	898	3 090	15 013	-12	-218	-700
中农发集团	252	127 576	210 916	252	126 890	209 742		686	1 174

各地区机动渔船年末拥有量（按船长分）

地 区	24米（含）以上			12（含）~24米			12米以下		
	艘	总吨	千瓦	艘	总吨	千瓦	艘	总吨	千瓦
全国总计	**35 165**	**8 166 740**	**11 511 400**	**38 332**	**1 277 259**	**3 364 136**	**265 320**	**885 560**	**4 064 618**
北 京	8	9 382	11 642	4	40	422	14	50	827
天 津	121	27 021	36 991	169	6 557	19 060	378	1 475	12 250
河 北	1 317	219 943	247 265	2 138	79 839	233 697	2 539	17 842	70 161
山 西				1	8	34	137	211	1 505
内蒙古				21	537	1 596	1 111	1 528	15 391
辽 宁	2 827	393 597	755 348	5 681	202 922	633 028	17 876	78 598	375 275
吉 林	9	1 598	1 888	304	1 479	8 802	3 658	4 505	61 150
黑龙江	167	2 595	7 170	492	1 463	8 504	8 708	11 877	99 694
上 海	263	96 601	147 352	46	2 531	16 585	162	331	11 014
江 苏	2 699	317 679	504 234	2 624	67 197	132 794	22 250	45 462	268 843
浙 江	10 821	2 798 244	3 837 844	1 799	71 361	145 198	9 991	43 365	141 415
安 徽	11	861	5 449	405	20 138	24 170	4 558	31 126	80 878
福 建	5 749	1 800 767	2 351 599	4 875	135 202	456 759	37 056	102 553	442 798
江 西	8	495	1 880	255	2 474	7 364	5 598	19 193	55 034
山 东	4 869	909 425	1 363 051	4 907	134 995	347 210	43 216	108 231	584 288
河 南	12	904	2 300	985	11 567	18 401	2 552	5 545	40 568
湖 北	7	517	3 276	142	1 401	10 432	5 103	7 967	53 069
湖 南	13	916	1 996	575	1 512	12 246	8 573	14 316	40 854
广 东	3 071	771 696	1 087 490	5 750	283 430	548 563	41 233	119 312	685 973
广 西	1 766	445 722	526 407	2 915	47 419	200 355	26 633	69 528	411 831
海 南	1 151	239 807	399 818	3 853	199 547	506 854	18 891	191 638	506 058
重 庆	5	355	3 489	71	1 074	8 296	215	808	13 241
四 川	6	330	1 148	29	633	2 087	270	897	13 864
贵 州	2	149	417	90	831	7 720	1 321	2 064	27 801
云 南	8	450	4 099	18	332	3 139	862	2 136	19 019
西 藏									
陕 西	8	690	981	47	1 558	3 474	414	1 049	5 841
甘 肃				3	15	309	28	56	897
青 海							1 194	1 572	14 094
宁 夏							21	70	1 059
新 疆				128	617	4 387	758	2 255	9 926
中农发集团	247	126 996	208 266	5	580	2 650			

各地区机动渔船年末拥有量（生产渔船）

地　区	生产渔船			捕捞渔船			养殖渔船		
	艘	总吨	千瓦	艘	总吨	千瓦	艘	总吨	千瓦
全国总计	**324 387**	**9 085 055**	**16 404 120**	**231 548**	**8 612 189**	**14 303 593**	**92 839**	**472 866**	**2 100 527**
北　京	8	9 382	11 642	8	9 382	11 642			
天　津	624	32 066	58 198	605	32 060	58 105	19	6	93
河　北	5 719	293 622	501 608	3 857	249 155	292 212	1 862	44 467	209 396
山　西	134	200	1 083	96	71	604	38	129	479
内蒙古	1 074	1 325	11 250	944	1 173	9 804	130	152	1 446
辽　宁	25 626	611 563	1 560 532	14 656	523 863	1 174 995	10 970	87 700	385 537
吉　林	3 845	5 277	63 079	2 497	3 185	39 207	1 348	2 092	23 872
黑龙江	9 205	12 654	96 689	7 226	9 955	67 543	1 979	2 699	29 146
上　海	365	74 855	113 443	365	74 855	113 443			
江　苏	26 490	397 121	785 758	21 032	358 886	675 996	5 458	38 235	109 762
浙　江	20 422	2 388 285	3 281 946	17 134	2 372 450	3 228 090	3 288	15 835	53 856
安　徽	4 584	48 513	63 679	4 104	46 689	57 879	480	1 824	5 800
福　建	46 118	1 717 971	2 830 302	17 935	1 600 614	2 299 493	28 183	117 357	530 809
江　西	5 751	20 898	50 770	1 639	5 039	9 899	4 112	15 859	40 871
山　东	52 606	1 033 951	2 114 776	36 926	950 829	1 770 885	15 680	83 122	343 891
河　南	3 426	16 852	52 275	2 740	15 089	42 881	686	1 763	9 394
湖　北	4 976	7 466	38 163	2 429	2 883	12 244	2 547	4 583	25 919
湖　南	8 768	13 769	30 452				8 768	13 769	30 452
广　东	46 833	1 093 750	2 045 424	42 852	1 063 205	1 846 573	3 981	30 545	198 851
广　西	29 018	543 472	1 030 496	27 057	536 990	953 195	1 961	6 482	77 301
海　南	23 700	622 442	1 384 480	23 628	621 960	1 382 303	72	482	2 177
重　庆	95	617	1 553				95	617	1 553
四　川	172	772	2 911				172	772	2 911
贵　州	1 291	1 684	19 649	1 130	1 436	16 711	161	248	2 938
云　南	781	1 925	9 528	719	1 774	8 733	62	151	795
西　藏									
陕　西	446	3 148	8 908				446	3 148	8 908
甘　肃	20	20	200				20	20	200
青　海	1 182	1 396	12 152	1 109	1 014	10 223	73	382	1 929
宁　夏	8	6	105				8	6	105
新　疆	848	2 477	12 153	608	2 056	10 017	240	421	2 136
中农发集团	252	127 576	210 916	252	127 576	210 916			

各地区海洋机动渔船年末拥有量

地　区	2023 年			2022 年			2023 年比 2022 年增减（±）		
	艘	总吨	千瓦	艘	总吨	千瓦	艘	总吨	千瓦
全国总计	**210 591**	**9 977 898**	**17 056 778**	**204 304**	**9 644 393**	**16 498 900**	**6 287**	**333 505**	**557 878**
北　京	8	9 382	11 642	14	10 170	13 122	-6	-788	-1 480
天　津	370	34 947	63 575	397	35 642	56 911	-27	-695	6 664
河　北	5 313	316 281	538 924	5 635	268 873	439 749	-322	47 408	99 175
辽　宁	24 604	669 497	1 743 606	27 776	687 416	1 783 625	-3 172	-17 919	-40 019
上　海	286	96 254	145 663	288	104 035	151 381	-2	-7 781	-5 718
江　苏	4 212	357 918	580 832	4 147	328 718	563 134	65	29 200	17 698
浙　江	18 469	2 901 874	4 070 352	20 590	2 907 616	4 134 142	-2 121	-5 742	-63 790
福　建	44 730	2 035 511	3 233 050	43 841	1 917 955	3 052 199	889	117 556	180 851
山　东	30 511	1 113 652	1 988 769	31 465	1 100 269	2 007 517	-954	13 383	-18 748
广　东	40 529	1 140 360	2 116 622	39 579	1 080 780	2 079 412	950	59 580	37 210
广　西	17 435	543 677	940 339	7 694	470 072	622 043	9 741	73 605	318 296
海　南	23 872	630 969	1 412 488	22 626	605 957	1 385 923	1 246	25 012	26 565
中农发集团	252	127 576	210 916	252	126 890	209 742		686	1 174

各地区海洋机动渔船年末拥有量（按船长分）

地　区	24 米（含）以上			12（含）~24 米			12 米以下		
	艘	总吨	千瓦	艘	总吨	千瓦	艘	总吨	千瓦
全国总计	**34 641**	**8 134 234**	**11 427 032**	**32 196**	**1 185 360**	**3 135 769**	**143 754**	**658 304**	**2 493 977**
北　京	8	9 382	11 642						
天　津	121	27 021	36 991	169	6 557	19 060	80	1 369	7 524
河　北	1 316	219 862	246 795	2 133	79 785	233 152	1 864	16 634	58 977
辽　宁	2 822	392 572	754 945	5 595	202 234	627 144	16 187	74 691	361 517
上　海	254	95 022	141 252	28	1 211	4 214	4	21	197
江　苏	2 488	304 265	481 341	1 203	47 525	83 967	521	6 128	15 524
浙　江	10 818	2 797 892	3 837 355	1 727	70 037	141 609	5 924	33 945	91 388
福　建	5 747	1 800 604	2 351 341	4 844	134 998	456 280	34 139	99 909	425 429
山　东	4 869	909 425	1 363 051	4 827	134 766	345 295	20 815	69 461	280 423
广　东	3 036	765 711	1 068 377	5 041	261 441	522 265	32 452	113 208	525 980
广　西	1 764	445 675	525 858	2 771	46 679	193 279	12 900	51 323	221 202
海　南	1 151	239 807	399 818	3 853	199 547	506 854	18 868	191 615	505 816
中农发集团	247	126 996	208 266	5	580	2 650			

各地区海洋机动渔船年末拥有量（生产渔船）

地　区	生产渔船			捕捞渔船			养殖渔船		
	艘	总吨	千瓦	艘	总吨	千瓦	艘	总吨	千瓦
全国总计	**199 997**	**8 770 585**	**14 940 069**	**135 379**	**8 364 002**	**13 108 120**	**64 618**	**406 583**	**1 831 949**
北　京	8	9 382	11 642	8	9 382	11 642			
天　津	330	31 978	53 685	330	31 978	53 685			
河　北	5 057	292 454	491 906	3 238	248 061	283 141	1 819	44 393	208 765
辽　宁	23 859	606 280	1 541 646	13 107	519 469	1 158 885	10 752	86 811	382 761
上　海	245	74 752	112 485	245	74 752	112 485			
江　苏	4 014	328 949	493 371	3 704	302 835	435 975	310	26 114	57 396
浙　江	16 488	2 378 411	3 236 826	13 737	2 364 731	3 190 944	2 751	13 680	45 882
福　建	43 188	1 715 040	2 813 433	15 099	1 597 846	2 283 424	28 089	117 194	530 009
山　东	30 185	995 736	1 814 518	14 785	912 930	1 475 479	15 400	82 806	339 039
广　东	37 428	1 062 066	1 931 121	33 507	1 032 571	1 734 148	3 921	29 495	196 973
广　西	15 266	525 542	844 282	13 762	519 934	775 335	1 504	5 608	68 947
海　南	23 677	622 419	1 384 238	23 605	621 937	1 382 061	72	482	2 177
中农发集团	252	127 576	210 916	252	127 576	210 916			

各地区内陆机动渔船年末拥有量

地　区	2023 年			2022 年			2023 年比 2022 年增减（±）		
	艘	总吨	千瓦	艘	总吨	千瓦	艘	总吨	千瓦
全国总计	**128 226**	**351 661**	**1 883 376**	**138 114**	**429 228**	**1 871 282**	**-9 888**	**-77 567**	**12 094**
北　京	18	90	1 249	18	90	1 249			
天　津	298	106	4 726	298	106	4 726			
河　北	681	1 343	12 199	761	1 555	15 118	-80	-212	-2 919
山　西	138	219	1 539	165	282	1 817	-27	-63	-278
内蒙古	1 132	2 065	16 987	1 195	2 181	18 022	-63	-116	-1 035
辽　宁	1 780	5 620	20 045	1 924	6 373	27 219	-144	-753	-7 174
吉　林	3 971	7 582	71 840	4 149	7 147	73 029	-178	435	-1 189
黑龙江	9 367	15 935	115 368	9 626	16 001	109 076	-259	-66	6 292
上　海	185	3 209	29 288	224	3 313	30 030	-39	-104	-742
江　苏	23 361	72 420	325 039	25 226	72 310	338 433	-1 865	110	-13 394
浙　江	4 142	11 096	54 105	4 435	12 624	59 842	-293	-1 528	-5 737
安　徽	4 974	52 125	110 497	5 309	52 348	102 495	-335	-223	8 002
福　建	2 950	3 011	18 106	3 079	2 943	18 651	-129	68	-545
江　西	5 861	22 162	64 278	7 847	28 382	77 939	-1 986	-6 220	-13 661
山　东	22 481	38 999	305 780	22 693	96 501	306 375	-212	-57 502	-595
河　南	3 549	18 016	61 269	3 610	18 084	62 458	-61	-68	-1 189
湖　北	5 252	9 885	66 777	8 418	13 501	83 033	-3 166	-3 616	-16 256
湖　南	9 161	16 744	55 096	9 384	16 412	54 129	-223	332	967
广　东	9 525	34 078	205 404	9 496	46 015	156 828	29	-11 937	48 576
广　西	13 879	18 992	198 254	14 589	17 667	205 019	-710	1 325	-6 765
海　南	23	23	242	80	236	752	-57	-213	-510
重　庆	291	2 237	25 026	206	1 463	10 835	85	774	14 191
四　川	305	1 860	17 099	421	1 976	16 749	-116	-116	350
贵　州	1 413	3 044	35 938	1 422	3 033	32 279	-9	11	3 659
云　南	888	2 918	26 257	893	2 896	25 443	-5	22	814
西　藏									
陕　西	469	3 297	10 296	568	1 324	8 097	-99	1 973	2 199
甘　肃	31	71	1 206	31	81	1 334		-10	-128
青　海	1 194	1 572	14 094	1 127	1 198	13 789	67	374	305
宁　夏	21	70	1 059	22	96	1 503	-1	-26	-444
新　疆	886	2 872	14 313	898	3 090	15 013	-12	-218	-700

各地区内陆机动渔船年末拥有量（按船长分）

地区	24米（含）以上			12（含）~24米			12米以下		
	艘	总吨	千瓦	艘	总吨	千瓦	艘	总吨	千瓦
全国总计	**524**	**32 506**	**84 368**	**6 136**	**91 899**	**228 367**	**121 566**	**227 256**	**1 570 641**
北京				4	40	422	14	50	827
天津							298	106	4 726
河北	1	81	470	5	54	545	675	1 208	11 184
山西				1	8	34	137	211	1 505
内蒙古				21	537	1 596	1 111	1 528	15 391
辽宁	5	1 025	403	86	688	5 884	1 689	3 907	13 758
吉林	9	1 598	1 888	304	1 479	8 802	3 658	4 505	61 150
黑龙江	167	2 595	7 170	492	1 463	8 504	8 708	11 877	99 694
上海	9	1 579	6 100	18	1 320	12 371	158	310	10 817
江苏	211	13 414	22 893	1 421	19 672	48 827	21 729	39 334	253 319
浙江	3	352	489	72	1 324	3 589	4 067	9 420	50 027
安徽	11	861	5 449	405	20 138	24 170	4 558	31 126	80 878
福建	2	163	258	31	204	479	2 917	2 644	17 369
江西	8	495	1 880	255	2 474	7 364	5 598	19 193	55 034
山东				80	229	1 915	22 401	38 770	303 865
河南	12	904	2 300	985	11 567	18 401	2 552	5 545	40 568
湖北	7	517	3 276	142	1 401	10 432	5 103	7 967	53 069
湖南	13	916	1 996	575	1 512	12 246	8 573	14 316	40 854
广东	35	5 985	19 113	709	21 989	26 298	8 781	6 104	159 993
广西	2	47	549	144	740	7 076	13 733	18 205	190 629
海南							23	23	242
重庆	5	355	3 489	71	1 074	8 296	215	808	13 241
四川	6	330	1 148	29	633	2 087	270	897	13 864
贵州	2	149	417	90	831	7 720	1 321	2 064	27 801
云南	8	450	4 099	18	332	3 139	862	2 136	19 019
西藏									
陕西	8	690	981	47	1 558	3 474	414	1 049	5 841
甘肃				3	15	309	28	56	897
青海							1 194	1 572	14 094
宁夏							21	70	1 059
新疆				128	617	4 387	758	2 255	9 926

各地区内陆机动渔船年末拥有量（生产渔船）

地区	生产渔船			捕捞渔船			养殖渔船		
	艘	总吨	千瓦	艘	总吨	千瓦	艘	总吨	千瓦
全国总计	**124 390**	**314 470**	**1 464 051**	**96 169**	**248 187**	**1 195 473**	**28 221**	**66 283**	**268 578**
北京									
天津	294	88	4 513	275	82	4 420	19	6	93
河北	662	1 168	9 702	619	1 094	9 071	43	74	631
山西	134	200	1 083	96	71	604	38	129	479
内蒙古	1 074	1 325	11 250	944	1 173	9 804	130	152	1 446
辽宁	1 767	5 283	18 886	1 549	4 394	16 110	218	889	2 776
吉林	3 845	5 277	63 079	2 497	3 185	39 207	1 348	2 092	23 872
黑龙江	9 205	12 654	96 689	7 226	9 955	67 543	1 979	2 699	29 146
上海	120	103	958	120	103	958			
江苏	22 476	68 172	292 387	17 328	56 051	240 021	5 148	12 121	52 366
浙江	3 934	9 874	45 120	3 397	7 719	37 146	537	2 155	7 974
安徽	4 584	48 513	63 679	4 104	46 689	57 879	480	1 824	5 800
福建	2 930	2 931	16 869	2 836	2 768	16 069	94	163	800
江西	5 751	20 898	50 770	1 639	5 039	9 899	4 112	15 859	40 871
山东	22 421	38 215	300 258	22 141	37 899	295 406	280	316	4 852
河南	3 426	16 852	52 275	2 740	15 089	42 881	686	1 763	9 394
湖北	4 976	7 466	38 163	2 429	2 883	12 244	2 547	4 583	25 919
湖南	8 768	13 769	30 452				8 768	13 769	30 452
广东	9 405	31 684	114 303	9 345	30 634	112 425	60	1 050	1 878
广西	13 752	17 930	186 214	13 295	17 056	177 860	457	874	8 354
海南	23	23	242	23	23	242			
重庆	95	617	1 553				95	617	1 553
四川	172	772	2 911				172	772	2 911
贵州	1 291	1 684	19 649	1 130	1 436	16 711	161	248	2 938
云南	781	1 925	9 528	719	1 774	8 733	62	151	795
西藏									
陕西	446	3 148	8 908				446	3 148	8 908
甘肃	20	20	200				20	20	200
青海	1 182	1 396	12 152	1 109	1 014	10 223	73	382	1 929
宁夏	8	6	105				8	6	105
新疆	848	2 477	12 153	608	2 056	10 017	240	421	2 136

各地区捕捞机动渔船年末拥有量（按功率分）

地区	44.1 千瓦以下			44.1（含）~441 千瓦			441 千瓦（含）以上		
	艘	总吨	千瓦	艘	总吨	千瓦	艘	总吨	千瓦
全国总计	**184 985**	**762 261**	**2 680 721**	**43 147**	**5 903 180**	**8 575 891**	**3 416**	**1 946 748**	**3 046 981**
北　京							8	9 382	11 642
天　津	341	1 457	6 466	257	26 296	45 353	7	4 307	6 286
河　北	2 195	22 126	32 430	1 658	225 891	258 018	4	1 138	1 764
山　西	96	71	604						
内蒙古	944	1 173	9 804						
辽　宁	9 664	72 123	170 950	4 650	397 643	827 496	342	54 097	176 549
吉　林	2 446	3 051	36 614	51	134	2 593			
黑龙江	7 220	9 919	67 172	6	36	371			
上　海	126	213	1 248	168	24 925	35 027	71	49 717	77 168
江　苏	18 335	61 732	242 739	2 692	284 555	423 384	5	12 599	9 873
浙　江	7 148	40 521	97 374	9 219	1 811 400	2 360 702	767	520 529	770 014
安　徽	4 045	44 060	50 854	59	2 629	7 025			
福　建	11 327	34 508	128 303	5 998	1 115 743	1 495 402	610	450 363	675 788
江　西	1 639	5 039	9 899						
山　东	30 546	92 988	409 587	6 031	624 167	951 996	349	233 674	409 302
河　南	2 706	14 965	41 195	34	124	1 686			
湖　北	2 427	2 880	12 094	2	3	150			
湖　南									
广　东	36 662	128 563	498 016	5 668	666 468	924 860	522	268 174	423 697
广　西	25 120	59 075	410 734	1 796	410 243	459 518	141	67 672	82 943
海　南	18 441	161 749	412 237	4 798	302 814	760 968	389	157 397	209 098
重　庆									
四　川									
贵　州	1 129	1 400	16 645	1	36	66			
云　南	719	1 774	8 733						
西　藏									
陕　西									
甘　肃									
青　海	1 109	1 014	10 223						
宁　夏									
新　疆	600	1 860	6 800	8	196	3 217			
中农发集团				51	9 877	18 059	201	117 699	192 857

各地区海洋捕捞机动渔船基本情况

地　　区	合　计		1. 国内海洋捕捞		2. 远洋渔船	
	艘	千瓦	艘	千瓦	艘	千瓦
全国总计	**135 379**	**13 108 120**	**132 917**	**10 375 429**	**2 462**	**2 732 691**
北　京	8	11 642			8	11 642
天　津	330	53 685	315	45 249	15	8 436
河　北	3 238	283 141	3 223	269 386	15	13 755
辽　宁	13 107	1 158 885	12 867	901 853	240	257 032
上　海	245	112 485	182	42 751	63	69 734
江　苏	3 704	435 975	3 671	414 668	33	21 307
浙　江	13 737	3 190 944	13 098	2 481 606	639	709 338
福　建	15 099	2 283 424	14 623	1 714 759	476	568 665
山　东	14 785	1 475 479	14 310	814 252	475	661 227
广　东	33 507	1 734 148	33 280	1 560 097	227	174 051
广　西	13 762	775 335	13 743	748 747	19	26 588
海　南	23 605	1 382 061	23 605	1 382 061		
中农发集团	252	210 916			252	210 916

各地区海洋捕捞机动渔船年末拥有量（按功率分）

地　　区	44.1 千瓦以下			44.1（含）~441 千瓦			441 千瓦（含）以上		
	艘	总吨	千瓦	艘	总吨	千瓦	艘	总吨	千瓦
全国总计	**89 248**	**554 910**	**1 551 528**	**42 715**	**5 862 344**	**8 509 611**	**3 416**	**1 946 748**	**3 046 981**
北　京							8	9 382	11 642
天　津	66	1 375	2 046	257	26 296	45 353	7	4 307	6 286
河　北	1 580	21 044	23 539	1 654	225 879	257 838	4	1 138	1 764
辽　宁	8 187	68 953	161 403	4 578	396 419	820 933	342	54 097	176 549
上　海	6	110	290	168	24 925	35 027	71	49 717	77 168
江　苏	1 126	18 960	24 736	2 573	271 276	401 366	5	12 599	9 873
浙　江	3 751	32 802	60 228	9 219	1 811 400	2 360 702	767	520 529	770 014
福　建	8 493	31 903	112 492	5 996	1 115 580	1 495 144	610	450 363	675 788
山　东	8 408	55 118	114 399	6 028	624 138	951 778	349	233 674	409 302
广　东	27 385	120 863	407 081	5 600	643 534	903 370	522	268 174	423 697
广　西	11 828	42 056	233 319	1 793	410 206	459 073	141	67 672	82 943
海　南	18 418	161 726	411 995	4 798	302 814	760 968	389	157 397	209 098
中农发集团				51	9 877	18 059	201	117 699	192 857

各地区海洋捕捞机动渔船年末拥有量（按作业类型分）（一）

地　区	拖网			围网			刺网		
	艘	总吨	千瓦	艘	总吨	千瓦	艘	总吨	千瓦
全国总计	**20 412**	**3 077 651**	**4 914 394**	**5 299**	**1 263 549**	**1 588 304**	**82 065**	**2 110 805**	**3 846 721**
北　京									
天　津	20	4 764	7 700	8	4 189	3 140	284	17 372	34 113
河　北	145	31 286	46 686	73	21 855	20 266	3 009	191 598	214 053
辽　宁	2 844	181 127	507 253	22	2 388	3 714	8 171	238 823	578 802
上　海	192	36 785	59 606	11	17 957	28 634			
江　苏	304	45 613	61 480	20	7 429	7 026	2 392	134 580	235 613
浙　江	4 692	925 764	1 357 411	295	121 383	156 219	5 462	542 293	640 129
福　建	2 099	452 381	735 220	1 629	638 656	754 255	6 816	249 922	390 596
山　东	4 292	428 634	730 933	586	134 839	179 100	7 336	189 840	314 864
广　东	2 590	428 016	645 282	824	168 320	256 194	25 002	239 964	517 689
广　西	1 721	387 848	435 064	139	4 532	7 402	10 088	34 453	218 351
海　南	1 404	103 829	238 806	1 687	134 161	159 190	13 505	271 960	702 511
中农发集团	109	51 604	88 953	5	7 840	13 164			

各地区海洋捕捞机动渔船年末拥有量（按作业类型分）（二）

地　区	张网			钓业			其他		
	艘	总吨	千瓦	艘	总吨	千瓦	艘	总吨	千瓦
全国总计	**7 464**	**330 932**	**372 505**	**12 491**	**1 163 343**	**1 786 692**	**7 648**	**417 722**	**599 504**
北　京				8	9 382	11 642			
天　津	12	2 010	3 914	2	3 192	3 824	4	451	994
河　北				8	3 245	2 092	3	77	44
辽　宁	1 096	85 467	18 952	623	7 085	35 283	351	4 579	14 881
上　海	19	496	1 456	23	19 514	22 789			
江　苏	761	64 609	77 888	1	25	29	226	50 579	53 939
浙　江	1 374	135 133	166 227	1287	524 570	730 644	627	115 588	140 314
福　建	1 514	25 457	60 062	1378	193 419	266 076	1 663	38 011	77 215
山　东	1 410	9 262	19 773	972	138 885	215 556	189	11470	15 253
广　东	130	2 448	5 010	3532	149 932	240 042	1 429	43891	69 931
广　西	51	102	1 228	1416	2 005	24 050	347	90 994	89 240
海　南	1 089	5 048	16 235	3 111	44 857	127 626	2 809	62 082	137 693
中农发集团	8	900	1 760	130	67 232	107 039			

各地区内陆捕捞机动渔船年末拥有量（按功率分）

地　区	44.1 千瓦以下			44.1（含）~441 千瓦			441 千瓦（含）以上		
	艘	总吨	千瓦	艘	总吨	千瓦	艘	总吨	千瓦
全国总计	**95 737**	**207 351**	**1 129 193**	**432**	**40 836**	**66 280**			
北　京									
天　津	275	82	4 420						
河　北	615	1 082	8 891	4	12	180			
山　西	96	71	604						
内蒙古	944	1 173	9 804						
辽　宁	1 477	3 170	9 547	72	1 224	6 563			
吉　林	2 446	3 051	36 614	51	134	2 593			
黑龙江	7 220	9 919	67 172	6	36	371			
上　海	120	103	958						
江　苏	17 209	42 772	218 003	119	13 279	22 018			
浙　江	3 397	7 719	37 146						
安　徽	4 045	44 060	50 854	59	2 629	7 025			
福　建	2 834	2 605	15 811	2	163	258			
江　西	1 639	5 039	9 899						
山　东	22 138	37 870	295 188	3	29	218			
河　南	2 706	14 965	41 195	34	124	1 686			
湖　北	2 427	2 880	12 094	2	3	150			
湖　南									
广　东	9 277	7 700	90 935	68	22 934	21 490			
广　西	13 292	17 019	177 415	3	37	445			
海　南	23	23	242						
重　庆									
四　川									
贵　州	1 129	1 400	16 645	1	36	66			
云　南	719	1 774	8 733						
西　藏									
陕　西									
甘　肃									
青　海	1 109	1 014	10 223						
宁　夏									
新　疆	600	1 860	6 800	8	196	3 217			

各地区远洋渔船年末拥有量

地　区	2023 年		2022 年		2023 年比 2022 年增减（±）	
	艘	千瓦	艘	千瓦	艘	千瓦
全国总计	**2 462**	**2 732 691**	**2 551**	**2 873 365**	**-89**	**-140 674**
北　京	8	11 642	14	13 122	-6	-1 480
天　津	15	8 436	15	8 436		
河　北	15	13 755	23	26 579	-8	-12 824
辽　宁	240	257 032	287	303 950	-47	-46 918
上　海	63	69 734	68	80 675	-5	-10 941
江　苏	33	21 307	43	22 984	-10	-1 677
浙　江	639	709 338	612	728 242	27	-18 904
福　建	476	568 665	473	564 125	3	4 540
山　东	475	661 227	497	666 387	-22	-5 160
广　东	227	174 051	248	222 535	-21	-48 484
广　西	19	26 588	19	26 588		
海　南						
中农发集团	252	210 916	252	209 742		1 174

各地区辅助渔船年末拥有量

地区	合计			其中					
				捕捞辅助船			渔业执法船		
	艘	总吨	千瓦	艘	总吨	千瓦	艘	总吨	千瓦
全国总计	**14 430**	**1 244 504**	**2 536 034**	**10 479**	**1 142 778**	**1 717 549**	**3 140**	**90 181**	**780 214**
北京	18	90	1 249				18	90	1 249
天津	44	2 987	10 103	37	2 220	6 784	7	767	3 319
河北	275	24 002	49 515	244	22 365	41 494	24	1 317	7 389
山西	4	19	456				4	19	456
内蒙古	58	740	5 737	12	278	690	46	462	5 047
辽宁	758	63 554	203 119	661	53 336	154 371	83	8 598	48 142
吉林	126	2 305	8 761	22	27	128	92	2 144	8 408
黑龙江	162	3 281	18 679				124	3 185	16 897
上海	106	24 608	61 508	26	18 996	23 132	80	5 612	38 376
江苏	1 083	33 217	120 113	827	25 944	54 068	256	7 273	66 045
浙江	2 189	524 685	842 511	1 808	506 134	689 990	183	17 202	148 007
安徽	390	3 612	46 818	69	343	4 685	321	3 269	42 133
福建	1 562	320 551	420 854	1 242	313 556	362 934	84	5 314	49 686
江西	110	1 264	13 508				108	1 264	13 508
山东	386	118 700	179 773	263	109 799	116 422	123	8 555	62 470
河南	123	1 164	8 994				123	1 164	8 994
湖北	276	2 419	28 614	37	25	322	239	2 394	28 292
湖南	393	2 975	24 644				279	2 436	20 183
广东	3 221	80 688	276 602	2 901	70 777	188 990	184	4 981	74 307
广西	2 296	19 197	108 097	2 143	11 008	54 869	153	8 079	52 396
海南	195	8 550	28 250	179	7 787	18 416	16	763	9 834
重庆	196	1 620	23 473				169	1 447	23 038
四川	133	1 088	14 188				126	1 061	13 949
贵州	122	1 360	16 289	1	5	63	118	1 257	14 892
云南	107	993	16 729	2	24	22	104	957	16 583
西藏									
陕西	23	149	1 388				7	39	721
甘肃	11	51	1 006				11	51	1 006
青海	12	176	1 942				12	176	1 942
宁夏	13	64	954				13	64	954
新疆	38	395	2 160	5	154	169	33	241	1 991

各地区海洋辅助渔船年末拥有量

地　　区	合　计			其　中					
				捕捞辅助船			渔业执法船		
	艘	总吨	千瓦	艘	总吨	千瓦	艘	总吨	千瓦
全国总计	**10 594**	**1 207 313**	**2 116 709**	**9 599**	**1 138 267**	**1 567 283**	**520**	**59 608**	**415 422**
北　京									
天　津	40	2 969	9 890	37	2 220	6 784	3	749	3 106
河　北	256	23 827	47 018	244	22 365	41 494	7	1 154	5 024
辽　宁	745	63 217	201 960	661	53 336	154 371	70	8 261	46 983
上　海	41	21 502	33 178	25	18 978	22 962	16	2 524	10 216
江　苏	198	28 969	87 461	170	23 423	48 536	28	5 546	38 925
浙　江	1 981	523 463	833 526	1 805	506 119	689 936	92	16 428	140 644
福　建	1 542	320 471	419 617	1 236	313 534	354 068	70	5 257	48 498
山　东	326	117 916	174 251	262	109 798	116 413	64	7 772	56 957
广　东	3 101	78 294	185 501	2 857	69 728	60 237	108	3 999	13 244
广　西	2 169	18 135	96 057	2 123	10 979	54 066	46	7 155	41 991
海　南	195	8 550	28 250	179	7 787	18 416	16	763	9 834

各地区内陆辅助渔船年末拥有量

地区	合计			其中					
				捕捞辅助船			渔业执法船		
	艘	总吨	千瓦	艘	总吨	千瓦	艘	总吨	千瓦
全国总计	**3 836**	**37 191**	**419 325**	**880**	**4 511**	**150 266**	**2 620**	**30 573**	**364 792**
北京	18	90	1 249				18	90	1 249
天津	4	18	213				4	18	213
河北	19	175	2 497				17	163	2 365
山西	4	19	456				4	19	456
内蒙古	58	740	5 737	12	278	690	46	462	5 047
辽宁	13	337	1 159				13	337	1 159
吉林	126	2 305	8 761	22	27	128	92	2 144	8 408
黑龙江	162	3 281	18 679				124	3 185	16 897
上海	65	3 106	28 330	1	18	170	64	3 088	28 160
江苏	885	4 248	32 652	657	2 521	5 532	228	1 727	27 120
浙江	208	1 222	8 985	3	15	54	91	774	7 363
安徽	390	3 612	46 818	69	343	4 685	321	3 269	42 133
福建	20	80	1 237	6	22	8 866	14	57	1 188
江西	110	1 264	13 508				108	1 264	13 508
山东	60	784	5 522	1	1	9	59	783	5 513
河南	123	1 164	8 994				123	1 164	8 994
湖北	276	2 419	28 614	37	25	322	239	2 394	28 292
湖南	393	2 975	24 644				279	2 436	20 183
广东	120	2 394	91 101	44	1 049	128 753	76	982	61 063
广西	127	1 062	12 040	20	29	803	107	924	10 405
海南									
重庆	196	1 620	23 473				169	1 447	23 038
四川	133	1 088	14 188				126	1 061	13 949
贵州	122	1 360	16 289	1	5	63	118	1 257	14 892
云南	107	993	16 729	2	24	22	104	957	16 583
西藏									
陕西	23	149	1 388				7	39	721
甘肃	11	51	1 006				11	51	1 006
青海	12	176	1 942				12	176	1 942
宁夏	13	64	954				13	64	954
新疆	38	395	2 160	5	154	169	33	241	1 991

各地区非机动渔船年末拥有量

地　区	合计		海洋渔业非机动渔船		内陆渔业非机动渔船	
	艘	总吨	艘	总吨	艘	总吨
全国总计	**157 713**	**245 425**	**2 055**	**6 601**	**155 658**	**238 824**
北　京	213	213			213	213
天　津	1 146	540			1 146	540
河　北	1 592	924			1 592	924
山　西						
内蒙古	147	121			147	121
辽　宁	2 014	2 713	159	230	1 855	2 483
吉　林	2 254	1 807			2 254	1 807
黑龙江	677	466			677	466
上　海	18	2 179	1	1 458	17	721
江　苏	60 950	132 602	81	164	60 869	132 438
浙　江	9 407	29 318	3	3	9 404	29 315
安　徽	8 891	18 638			8 891	18 638
福　建	1 337	1 194	1 277	1 146	60	48
江　西	12 935	12 532			12 935	12 532
山　东	26 545	14 764			26 545	14 764
河　南	3 917	3 317			3 917	3 317
湖　北	14 776	6 456			14 776	6 456
湖　南	6 321	3 999			6 321	3 999
广　东	1 019	8 094	498	3 484	521	4 610
广　西	269	83			269	83
海　南	36	116	36	116		
重　庆	171	2 853			171	2 853
四　川	181	176			181	176
贵　州	1	76			1	76
云　南	2 046	1 096			2 046	1 096
西　藏						
陕　西	343	957			343	957
甘　肃	29	29			29	29
青　海						
宁　夏	118	56			118	56
新　疆	360	106			360	106

各地区渔业基础设施情况

单位：个

地　　区	国家级水产原良种场	渔港合计	沿海中心渔港	沿海一级渔港	沿海二级渔港	沿海三级渔港	未评级渔港
全国总计	**95**	**1 016**	**75**	**91**	**214**	**367**	**269**
北　　京	3						
天　　津	1	5	1				4
河　　北	5	27	4	4	8	2	9
山　　西	1						
内 蒙 古	1						
辽　　宁	1	86	1	7	15	21	42
吉　　林	1						
黑 龙 江	1						
上　　海	1	1		1			
江　　苏	9	20	6	4	5		5
浙　　江	6	126	10	12	28	30	46
安　　徽	4						
福　　建	1	247	11	15	61	160	
江　　西	4						
山　　东	16	150	10	17	9	58	56
河　　南	1						
湖　　北	11						
湖　　南	4						
广　　东	5	104	10	9	32	42	11
广　　西	2	12	4	4		3	1
海　　南	2	53	7	7	14	12	13
重　　庆	1						
四　　川	2						
贵　　州							
云　　南	1						
西　　藏							
陕　　西	1						
甘　　肃	1						
青　　海	1						
宁　　夏							
新　　疆							
大　　连	4	66	5	5	34	22	
青　　岛	2	58	2	2		4	50
宁　　波	2	54	3	3	7	12	29
厦　　门		3	1				2
深　　圳		4		1	1	1	1

3-4 渔业人口

全国渔业人口与从业人员

指　　标	计量单位	2023 年	2022 年	2023 年比 2022 年增减（±）	其中：海洋渔业		
					2023 年	2022 年	2023 年比 2022 年增减（±）
1. 渔业乡	个	708	700	8	379	383	-4
2. 渔业村	个	7 121	7 065	56	3 189	3 221	-32
3. 渔业户	户	4 085 684	4 152 214	-66 530	1 277 567	1 291 294	-13 727
4. 渔业人口	人	15 985 678	16 194 500	-208 822	5 031 389	5 060 443	-29 054
其中：传统渔民	人	5 062 745	5 151 638	-88 893	2 700 076	2 699 798	278
5. 渔业从业人员	人	11 762 334	11 779 185	-16 851	3 330 004	3 356 409	-26 405
(1)专业从业人员	人	6 340 298	6 274 139	66 159	2 026 509	2 024 581	1 928
其中：女性	人	1 233 701	1 215 559	18 142	321 733	322 921	-1 188
其中：捕捞	人	1 149 489	1 188 736	-39 247	846 494	842 122	4 372
养殖	人	4 442 159	4 316 700	125 459	835 231	831 368	3 863
其他	人	748 650	768 703	-20 053	344 784	351 091	-6 307
(2)兼业从业人员	人	3 961 105	4 007 221	-46 116	749 028	774 474	-25 446
(3)临时从业人员	人	1 460 931	1 497 825	-36 894	554 467	557 354	-2 887

各地区渔业人口与从业人员（一）

地 区	1. 渔业乡（个）	2. 渔业村（个）	3. 渔业户（户）	4. 渔业人口（人）		5. 渔业从业人员（人）
				小 计	其中：传统渔民	
全国总计	**708**	**7 121**	**4 085 684**	**15 985 678**	**5 062 745**	**11 762 334**
北 京	9	32	1 409	3 285	481	4 112
天 津		2	6 443	22 300	4 048	15 569
河 北	20	135	50 586	210 974	137 551	171 399
山 西			897	3 889		4 105
内 蒙 古	4	31	6 435	32 944	3 883	24 306
辽 宁	133	643	136 380	532 943	284 987	432 232
吉 林	1	4	23 780	84 352	903	75 847
黑 龙 江	6	29	44 120	151 174	120 939	111 169
上 海		13	2 834	8 369	3 927	8 175
江 苏	26	448	252 507	1 046 740	288 346	890 127
浙 江	94	613	277 294	909 364	370 894	609 305
安 徽	8	79	144 325	558 928	154 780	532 030
福 建	53	543	393 238	1 592 712	823 262	892 756
江 西	4	80	212 777	984 030	188 076	772 734
山 东	88	1 076	386 386	1 421 043	526 916	1 051 337
河 南	25	371	109 423	436 168	22 665	343 174
湖 北	73	1 021	426 190	1 356 099	484 203	1 139 162
湖 南	5	235	223 465	1 008 977	108 737	856 217
广 东	88	1 084	503 951	2 132 892	885 211	1 238 251
广 西	14	203	223 825	997 078	300 330	803 719
海 南	28	295	80 608	351 023	152 383	201 214
重 庆		5	87 231	348 228	280	303 005
四 川	28	145	391 141	1 333 467	132 383	925 342
贵 州			25 660	136 231		75 335
云 南		5	49 844	226 052	56 284	189 508
西 藏				37		1 237
陕 西	1	27	18 248	62 757	7 087	57 576
甘 肃			2 115	9 771	389	7 592
青 海						3 433
宁 夏			1 446	7 251		8 790
新 疆		2	3 126	16 600	3 800	13 576

各地区渔业人口与从业人员（二）

单位：人

地区	5. 渔业从业人员（续）						
	(1) 专业从业人员					(2) 兼业从业人员	(3) 临时从业人员
	合计	其中：女性	a. 捕捞	b. 养殖	c. 其他		
全国总计	**6 340 298**	**1 233 701**	**1 149 489**	**4 442 159**	**748 650**	**3 961 105**	**1 460 931**
北京	3 115	896	608	1 939	568	757	240
天津	10 061	352	1 722	8 056	283	4 416	1 092
河北	83 364	18 589	29 312	40 174	13 878	30 625	57 410
山西	2 178	496	244	1 794	140	1 145	782
内蒙古	13 311	2 698	2 889	7 886	2 536	8 415	2 580
辽宁	262 795	54 473	96 483	136 459	29 853	102 197	67 240
吉林	19 734	2 449	3 947	13 977	1 810	49 382	6 731
黑龙江	73 436	22 031	17 617	47 372	8 447	30 677	7 056
上海	7 603	855	2 568	4 716	319	344	228
江苏	508 134	110 600	89 829	379 508	38 797	263 586	118 407
浙江	367 819	64 099	130 540	148 937	88 342	143 453	98 033
安徽	270 381	60 084	24 521	218 886	26 974	187 294	74 355
福建	542 959	86 018	170 852	299 856	72 251	265 683	84 114
江西	351 134	65 169	7 108	288 657	55 369	319 449	102 151
山东	553 349	112 019	134 712	278 164	140 473	221 328	276 660
河南	144 115	36 258	16 793	109 962	17 360	167 938	31 121
湖北	747 234	181 884	5 133	708 123	33 978	270 233	121 695
湖南	385 412	81 352		351 183	34 229	400 007	70 798
广东	826 843	143 295	231 374	523 026	72 443	343 049	68 359
广西	399 252	50 530	62 726	297 730	38 796	315 559	88 908
海南	168 613	23 956	102 235	51 610	14 768	24 154	8 447
重庆	140 819	41 917		128 824	11 995	114 572	47 614
四川	313 416	50 766		280 515	32 901	542 808	69 118
贵州	21 823	2 495	1 918	16 911	2 994	37 579	15 933
云南	70 888	13 761	12 225	55 298	3 365	88 878	29 742
西藏	37	3	37				1 200
陕西	32 840	4 224		28 584	4 256	18 426	6 310
甘肃	3 287	519		3 062	225	3 081	1 224
青海	2 497		2 091	374	32	893	43
宁夏	4 853	850	315	4 076	462	2 577	1 360
新疆	8 996	1 063	1 690	6 500	806	2 600	1 980

各地区海洋渔业人口与从业人员（一）

地　　区	1. 渔业乡（个）	2. 渔业村（个）	3. 渔业户（户）	4. 渔业人口（人）		5. 渔业从业人员（人）
				小　计	其中：传统渔民	
全国总计	**379**	**3 189**	**1 277 567**	**5 031 389**	**2 700 076**	**3 330 004**
北　　京						216
天　　津			1 466	5 331	1 632	1 713
河　　北	10	69	37 423	144 811	120 933	123 496
山　　西						
内 蒙 古						
辽　　宁	72	327	78 435	348 459	206 650	261 172
吉　　林						
黑 龙 江						
上　　海		7	574	2 288	1 882	2 695
江　　苏	12	91	33 564	215 834	79 276	156 337
浙　　江	79	489	185 412	561 751	286 509	326 522
安　　徽						
福　　建	53	528	328 800	1 323 392	746 435	719 427
江　　西						
山　　东	56	714	267 610	830 069	374 050	847 382
河　　南						
湖　　北						
湖　　南						
广　　东	69	628	215 191	1 016 757	643 284	472 186
广　　西	5	110	64 602	310 894	87 042	264 813
海　　南	23	226	64 490	271 803	152 383	154 045
重　　庆						
四　　川						
贵　　州						
云　　南						
西　　藏						
陕　　西						
甘　　肃						
青　　海						
宁　　夏						
新　　疆						

各地区海洋渔业人口与从业人员（二）

单位：人

地　区	5. 渔业从业人员（续）						
	(1) 专业从业人员					(2) 兼业从业人员	(3) 临时从业人员
	合　计	其中：女性	a. 捕捞	b. 养殖	c. 其他		
全国总计	**2 026 509**	**321 733**	**846 494**	**835 231**	**344 784**	**749 028**	**554 467**
北　京	216	12	182		34		
天　津	1 343	70	927	336	80	310	60
河　北	58 962	3 011	22 210	24 249	12 503	12 386	52 148
山　西							
内蒙古							
辽　宁	160 538	39 975	84 938	57 859	17 741	46 421	54 213
吉　林							
黑龙江							
上　海	2 603	54	2 318		285	15	77
江　苏	86 014	2 0867	40 355	37 383	8 276	53 762	16 561
浙　江	221 298	29 614	110 383	46 682	64 233	51 183	54 041
安　徽							
福　建	452 562	74 029	159 780	228 423	64 359	192 505	74 360
江　西							
山　东	375 865	71 253	106 596	155 035	114 234	225 519	245 998
河　南							
湖　北							
湖　南							
广　东	353 497	46 596	196 579	118 815	38 103	90 745	27 944
广　西	180 601	14 512	37 627	132 180	10 794	62 064	22 148
海　南	133 010	21 740	84 599	34 269	14 142	14 118	6 917
重　庆							
四　川							
贵　州							
云　南							
西　藏							
陕　西							
甘　肃							
青　海							
宁　夏							
新　疆							

第四部分

加工与贸易

4-1　水产品加工

全国水产加工情况

指　　标	计量单位	2023 年	2022 年	2023 年比 2022 年增减（±）	
				绝对量	幅度（%）
1. 水产加工企业	个	9 433	9 331	102	1.09
水产品加工能力	吨/年	30 158 217	29 704 127	454 090	1.53
其中：规模以上加工企业	个	2 726	2 592	134	5.17
2. 水产冷库	座	9 143	8 675	468	5.39
冻结能力	吨/日	987 670	836 808	150 862	18.03
冷藏能力	吨/次	4 996 477	4 896 527	99 950	2.04
制冰能力	吨/日	215 005	223 451	−8 446	−3.78
3. 水产加工品总量	吨	21 994 645	21 477 911	516 734	2.41
淡水加工产品	吨	4 863 452	4 386 448	477 004	10.87
海水加工产品	吨	17 131 193	17 091 463	39 730	0.23
（1）水产冷冻品	吨	15 535 334	15 320 045	215 289	1.41
其中：冷冻品	吨	8 199 599	8 025 752	173 847	2.17
冷冻加工品	吨	7 335 735	7 294 293	41 442	0.57
（2）鱼糜制品及干腌制品	吨	2 835 498	2 819 151	16 347	0.58
其中：鱼糜制品	吨	1 343 706	1 354 826	−11 120	−0.82
干腌制品	吨	1 491 792	1 464 325	27 467	1.88
（3）藻类加工品	吨	1 088 258	1 000 774	87 484	8.74
（4）罐制品	吨	358 828	342 801	16 027	4.68
（5）水产饲料（鱼粉）	吨	813 318	723 456	89 862	12.42
（6）鱼油制品	吨	54 007	61 650	−7 643	−12.40
（7）其他水产加工品	吨	1 309 402	1 210 034	99 368	8.21
其中：助剂和添加剂	吨	23 466	18 099	5 367	29.65
珍珠	千克	8 095	10 123	−2 028	−20.03
4. 用于加工的水产品总量	吨	26 237 122	25 561 280	675 842	2.64
其中：淡水产品	吨	6 410 183	5 798 067	612 116	10.56
海水产品	吨	19 826 939	19 763 213	63 726	0.32
5. 部分水产品年加工量	吨	2 568 682	2 427 356	141 326	5.82
其中：对虾	吨	458 847	467 735	−8 888	−1.90
克氏原螯虾	吨	1 402 276	1 216 849	185 427	15.24
罗非鱼	吨	512 778	540 600	−27 822	−5.15
鳗鱼	吨	136 249	139 529	−3 280	−2.35
斑点叉尾鮰	吨	58 532	62 643	−4 111	−6.56

各地区水产加工品总量

单位：吨

地　　区	2023 年		2022 年		2023 年比 2022 年增减（±）			
					绝对量		幅度（%）	
	水产加工品总量	其中：淡水加工产品	水产加工品总量	其中：淡水加工产品	水产加工品总量	其中：淡水加工产品	水产加工品总量	其中：淡水加工产品
全国总计	**21 994 645**	**4 863 452**	**21 477 911**	**4 386 448**	**516 734**	**477 004**	**2.41**	**10.87**
北　　京	542	251	1 181	318	-639	-67	-54.11	-21.07
天　　津	18 950	7 970	17 720	5 820	1 230	2 150	6.94	36.94
河　　北	103 691	12 183	108 207	13 155	-4 516	-972	-4.17	-7.39
山　　西	623	253	408	132	215	121	52.70	91.67
内 蒙 古	3 469	3 469	3 040	3 040	429	429	14.11	14.11
辽　　宁	2 171 803	18 294	2 287 152	21 148	-115 349	-2 854	-5.04	-13.50
吉　　林	260 310	6 639	255 461	1 580	4 849	5 059	1.90	320.19
黑 龙 江	14 973	14 973	12 878	12 878	2 095	2 095	16.27	16.27
上　　海	3 595	203	3 215	319	380	-116	11.82	-36.36
江　　苏	1 385 169	721 911	1 314 594	666 480	70 575	55 431	5.37	8.32
浙　　江	1 792 353	63 326	1 831 418	64 579	-39 065	-1 253	-2.13	-1.94
安　　徽	260 698	259 123	235 131	233 336	25 567	25 787	10.87	11.05
福　　建	4 048 913	172 797	3 974 317	187 370	74 596	-14 573	1.88	-7.78
江　　西	410 759	410 759	391 504	391 504	19 255	19 255	4.92	4.92
山　　东	6 486 415	109 397	6 459 335	113 779	27 080	-4 382	0.42	-3.85
河　　南	90 640	90 640	47 985	47 985	42 655	42 655	88.89	88.89
湖　　北	1 604 420	1 604 420	1 440 891	1 440 891	163 529	163 529	11.35	11.35
湖　　南	510 259	510 259	432 855	432 855	77 404	77 404	17.88	17.88
广　　东	1 535 493	450 032	1 520 347	442 334	15 146	7 698	1.00	1.74
广　　西	808 211	135 347	750 666	121 403	57 545	13 944	7.67	11.49
海　　南	433 086	221 549	342 697	138 633	90 389	82 916	26.38	59.81
重　　庆	2 323	1 723	1 249	1 249	1 074	474	85.99	37.95
四　　川	4 102	4 086	3 875	3 875	227	211	5.86	5.45
贵　　州	2 043	2 043	3 437	3 437	-1 394	-1 394	-40.56	-40.56
云　　南	14 471	14 471	13 289	13 289	1 182	1 182	8.89	8.89
西　　藏	4	4			4	4		
陕　　西	3 310	3 310	1 261	1 261	2 049	2 049	162.49	162.49
甘　　肃	486	486			486	486		
青　　海	14 392	14 392	15 000	15 000	-608	-608	-4.05	-4.05
宁　　夏	1 772	1 772	1 428	1 428	344	344	24.09	24.09
新　　疆	7 370	7 370	7 370	7 370				

各地区水产加工品总量（按品种分）（一）

单位：吨

地　区	水产加工品总量			1. 水产冷冻品		
		淡水加工品	海水加工品		冷冻品	冷冻加工品
全国总计	**21 994 645**	**4 863 452**	**17 131 193**	**15 535 334**	**8 199 599**	**7 335 735**
北　京	542	251	291	542		542
天　津	18 950	7 970	10 980	2 700	150	2 550
河　北	103 691	12 183	91 508	75 288	42 119	33 169
山　西	623	253	370	551	251	300
内蒙古	3 469	3 469		2 309	2 117	192
辽　宁	2 171 803	18 294	2 153 509	1 555 106	655 942	899 164
吉　林	260 310	6 639	253 671	236 531	150 348	86 183
黑龙江	14 973	14 973		6 780	6 780	
上　海	3 595	203	3 392	3 595	4	3 591
江　苏	1 385 169	721 911	663 258	628 830	411 505	217 325
浙　江	1 792 353	63 326	1 729 027	1 372 830	1 010 641	362 189
安　徽	260 698	259 123	1 575	203 999	83 462	120 537
福　建	4 048 913	172 797	3 876 116	2 680 024	1 535 150	1 144 874
江　西	410 759	410 759		155 774	66 659	89 115
山　东	6 486 415	109 397	6 377 018	4 961 953	2 797 449	2 164 504
河　南	90 640	90 640		89 016	7 183	81 833
湖　北	1 604 420	1 604 420		1 081 219	409 960	671 259
湖　南	510 259	510 259		347 990	214 110	133 880
广　东	1 535 493	450 032	1 085 461	1 079 171	445 974	633 197
广　西	808 211	135 347	672 864	676 774	174 866	501 908
海　南	433 086	221 549	211 537	337 718	155 278	182 440
重　庆	2 323	1 723	600	1 059	873	186
四　川	4 102	4 086	16	2 075	235	1 840
贵　州	2 043	2 043		1 107	964	143
云　南	14 471	14 471		7 645	5 334	2 311
西　藏	4	4				
陕　西	3 310	3 310		2 950	1 151	1 799
甘　肃	486	486		486	162	324
青　海	14 392	14 392		14 392	14 392	
宁　夏	1 772	1 772				
新　疆	7 370	7 370		6 920	6 540	380

各地区水产加工品总量（按品种分）（二）

单位：吨

地区	2. 鱼糜制品及干腌制品			3. 藻类加工品	4. 罐制品	5. 鱼粉
		鱼糜制品	干腌制品			
全国总计	**2 835 498**	**1 343 706**	**1 491 792**	**1 088 258**	**358 828**	**813 318**
北　京						
天　津	14 530	14 530			720	
河　北	3 464	182	3 282		8 252	16 310
山　西	1		1	70	1	
内蒙古	622		622	508	30	
辽　宁	153 018	41 901	111 117	240 439	17 221	67 541
吉　林	18 546	2 818	15 728		130	
黑龙江	3 325	37	3 288		70	
上　海						
江　苏	143 958	26 373	117 585	22 682	19 946	1 588
浙　江	171 716	90 273	81 443	31 378	37 975	160 692
安　徽	48 661	18 941	29 720		6 888	1 150
福　建	641 072	347 843	293 229	341 718	41 535	20 747
江　西	221 896	76 006	145 890	984	14 373	634
山　东	589 927	327 823	262 104	439 429	127 367	252 408
河　南	1 539	489	1 050		82	3
湖　北	407 401	217 959	189 442		12 872	100 931
湖　南	119 146	26 860	92 286	2 315	13 254	20 980
广　东	205 058	90 076	114 982	6 476	55 973	82 759
广　西	75 793	56 361	19 432	32	676	
海　南	6 713	3 207	3 506			87 475
重　庆	932	9	923		50	
四　川	1 514	344	1 170		415	
贵　州	936	83	853			
云　南	5 357	1 536	3 821	459	848	100
西　藏						
陕　西	70	52	18			
甘　肃						
青　海						
宁　夏	3	3		1 768		
新　疆	300		300		150	

各地区水产加工品总量（按品种分）（三）

单位：吨

地　区	6. 鱼油制品	7. 其他水产加工品	其　中	
			助剂和添加剂	珍珠（千克）
全国总计	**54 007**	**1 309 402**	**23 466**	**8 095**
北　京				
天　津		1 000		
河　北	25	352		
山　西				
内蒙古				
辽　宁	3 255	135 223		
吉　林		5 103		
黑龙江		4 798		
上　海				
江　苏		568 165	15	4 000
浙　江	1 010	16 752	295	1 140
安　徽				
福　建	13 741	310 076	16 342	
江　西	146	16 952		97
山　东	35 693	79 638	6	
河　南				
湖　北		1 997	299	
湖　南	12	6 562	929	
广　东	63	105 993		2 858
广　西		54 936	4 400	
海　南		1 180	1 180	
重　庆		282		
四　川		98		
贵　州				
云　南	62			
西　藏		4		
陕　西		290		
甘　肃				
青　海				
宁　夏		1		
新　疆				

各地区用于加工的水产品量

单位：吨

地　　区	用于加工的水产品量	淡水产品	海水产品
全国总计	**26 237 122**	**6 410 183**	**19 826 939**
北　　京	587	296	291
天　　津	7 338	750	6 588
河　　北	190 496	15 435	175 061
山　　西	645	265	380
内 蒙 古	4 711	4 711	
辽　　宁	3 168 741	20 510	3 148 231
吉　　林	284 860	4 011	280 849
黑 龙 江	31 444	31 444	
上　　海	3 595	203	3 392
江　　苏	1 559 017	754 505	804 512
浙　　江	1 537 350	65 435	1 471 915
安　　徽	345 553	343 803	1 750
福　　建	4 851 444	190 512	4 660 932
江　　西	728 542	728 542	
山　　东	7 491 472	93 246	7 398 226
河　　南	270 715	270 715	
湖　　北	2 215 665	2 215 665	
湖　　南	644 583	644 583	
广　　东	1 606 360	563 010	1 043 350
广　　西	771 070	171 158	599 912
海　　南	462 756	232 031	230 725
重　　庆	3 048	2 248	800
四　　川	6 985	6 960	25
贵　　州	2 605	2 605	
云　　南	17 233	17 233	
西　　藏	6	6	
陕　　西	3 958	3 958	
甘　　肃	430	430	
青　　海	14 392	14 392	
宁　　夏	1 776	1 776	
新　　疆	9 745	9 745	

各地区水产品加工企业、冷库基本情况

地　区	水产品加工企业			水产品冷库			
	小计（个）	水产品加工能力（吨/年）	其中：规模以上加工企业（个）	数量（座）	冻结能力（吨/日）	冷藏能力（吨/次）	制冰能力（吨/日）
全国总计	**9 433**	**30 158 217**	**2 726**	**9 143**	**987 670**	**4 996 477**	**215 005**
北　京	2	2 200	1	8	20	26 010	
天　津	2	25 750	2	6	110	20 400	30
河　北	235	331 153	36	254	7 397	61 210	4 968
山　西	5	1 984	2	17	150	940	7
内蒙古	25	7 290	20	21	432	2 320	282
辽　宁	844	2 770 481	291	594	58 692	401 953	16 162
吉　林	108	309 368	43	51	230 379	231 785	115
黑龙江	25	14 960		14	360	765	345
上　海	3	13 010	1	4	172	3 152	150
江　苏	1 093	2 271 678	322	1 128	41 076	215 277	25 851
浙　江	1 752	2 120 122	276	1 058	44 365	745 335	27 934
安　徽	220	384 630	107	821	23 026	89 029	3 411
福　建	1 214	5 582 228	451	897	129 191	585 245	17 516
江　西	181	309 164	68	276	4 350	35 187	3 356
山　东	1 637	8 129 233	500	1 826	176 126	1 332 402	40 373
河　南	53	154 370	20	83	4 971	44 131	678
湖　北	359	2 744 811	171	562	99 766	297 456	7 627
湖　南	318	805 600	120	485	80 043	205 010	12 499
广　东	995	2 446 712	167	635	35 218	417 875	45 264
广　西	183	1 072 832	63	66	2 202	98 735	3 284
海　南	34	455 859	15	54	5 798	12 075	3 987
重　庆	15	4 206	6	30	37 906	155 874	102
四　川	21	30 929	8	71	2 614	5 557	733
贵　州	24	5 903	2	9	84	157	25
云　南	43	124 895	20	106	1 964	5 301	254
西　藏							
陕　西	16	2 425	5	26	276	167	24
甘　肃	9	3 259	2	6	32	215	16
青　海	2	15 800					
宁　夏	4	1 815	3				
新　疆	11	15 550	4	35	950	2 914	12

4-2 水产品贸易

各地区水产品进出口贸易情况

单位：万美元、吨

地区	2023 年进出口		2022 年进出口		2023 年比 2022 年增减（±）			
					绝对量		幅度（%）	
	金额	数量	金额	数量	金额	数量	金额	数量
全国总计	**4 423 683.54**	**10 560 485**	**4 673 794.21**	**10 232 819**	**-250 110.67**	**327 666**	**-5.35**	**3.20**
北京	156 828.90	500 704	181556.23	620 187	-24 727.33	-119 483	-13.62	-19.27
天津	95 600.53	246 314	142 953.77	329 035	-47 353.25	-82 721	-33.12	-25.14
河北	40 791.21	79 031	44 564.33	92 916	-3 773.12	-13 885	-8.47	-14.94
山西	295.92	519	623.38	1 251	-327.46	-732	-52.53	-58.51
内蒙古	190.11	626	41.00	101	149.12	526	363.74	522.58
辽宁	409 663.92	1 639 898	400 297.62	1 103 509	9 366.30	536 389	2.34	48.61
吉林	73 793.85	124 974	82 737.21	197 495	-8 943.36	-72 521	-10.81	-36.72
黑龙江	4 624.55	9 835	6 455.14	17 496	-1 830.59	-7 660	-28.36	-43.78
上海	314 652.06	285 833	244 757.33	255 277	69 894.73	30 556	28.56	11.97
江苏	84 942.86	146 490	80 715.26	142 186	4 227.61	4 304	5.24	3.03
浙江	427 022.75	985 610	406 076.00	899 552	20 946.75	86 057	5.16	9.57
安徽	14 293.02	48 751	19 079.68	69 366	-4 786.66	-20 614	-25.09	-29.72
福建	1 037 090.46	2 210 162	1 145 159.74	2 185 882	-108 069.28	24 280	-9.44	1.11
江西	20 161.82	9 559	13 344.97	9 378	6 816.85	181	51.08	1.93
山东	888 566.84	2 392 313	981 929.75	2 470 006	-93 362.91	-77 693	-9.51	-3.15
河南	7 516.54	16 345	6 546.20	12 377	970.34	3 968	14.82	32.06
湖北	15 138.45	31 771	10 822.81	22 200	4 315.64	9 570	39.88	43.11
湖南	58 621.69	91 535	57 833.27	90 851	788.41	684	1.36	0.75
广东	595 509.52	1 228 908	661 502.53	1 270 852	-65 993.00	-41 944	-9.98	-3.30
广西	45 048.98	131 365	56 476.65	135 975	-11 427.67	-4 610	-20.23	-3.39
海南	49 479.57	173 692	58 154.52	158 394	-8 674.94	15 298	-14.92	9.66
重庆	14 789.22	24 370	22 840.34	34 005	-8 051.12	-9 635	-35.25	-28.33
四川	30 043.39	60 293	24 363.89	62 422	5 679.50	-2 130	23.31	-3.41
贵州	7 178.21	14 283	2 235.44	4 458	4 942.76	9 826	221.11	220.43
云南	18 446.38	49 346	14 197.05	29 019	4 249.32	20 327	29.93	70.05
西藏			2.48	10	-2.48	-10		
陕西	2 257.77	3 552	739.97	436	1517.80	3 117	205.12	715.15
甘肃	319.98	642	473.14	842	-153.16	-200	-32.37	-23.74
青海	858.87	2 445	817.82	870	41.05	1 575	5.02	181.09
宁夏	303.38	1 064	293.22	224	10.16	841	3.46	375.97
新疆	9 652.79	50 253	6 203.48	16 249	3 449.31	34 004	55.60	209.28

各地区水产品出口贸易情况

单位：万美元、吨

地　区	2023年出口		2022年出口		2023年比2022年增减（±）			
					绝对量		幅度（%）	
	金额	数量	金额	数量	金额	数量	金额	数量
全国总计	**2 046 298.90**	**3 798 232**	**2 303 147.95**	**3 763 008**	**−256 849.05**	**35 224**	**−11.15**	**0.94**
北　京	2 110.28	2 409	2 557.47	2 567	−447.19	−158	−17.49	−6.14
天　津	3 202.07	6 497	3 151.40	5 413	50.67	1 084	1.61	20.03
河　北	23 047.91	29 858	25 412.53	31 120	−2 364.62	−1 261	−9.30	−4.05
山　西	0.06	1	5.35	7	−5.29	−6	−98.80	−89.68
内蒙古	88.00	107	30.42	48	57.58	59	189.26	123.72
辽　宁	223 468.71	572 878	233 048.49	487 122	−9 579.78	85 755	−4.11	17.60
吉　林	15 156.66	33 871	15 043.83	32 767	112.83	1 104	0.75	3.37
黑龙江	256.00	201	21.24	72	234.76	130	1 105.46	181.62
上　海	14 445.01	10 316	14 073.46	9 369	371.55	948	2.64	10.11
江　苏	38 812.51	43 527	37 244.87	41 053	1 567.64	2 474	4.21	6.03
浙　江	193 617.70	487 218	187 753.72	441 494	5 863.98	45 724	3.12	10.36
安　徽	6 043.16	5 513	6 772.90	5 829	−729.75	−315	−10.77	−5.41
福　建	740 966.68	1 028 321	855 281.72	1 004 268	−114 315.04	24 053	−13.37	2.40
江　西	5 433.96	3 797	6 382.80	3 385	−948.84	412	−14.87	12.17
山　东	453 143.59	901 995	520 793.17	971 538	−67 649.58	−69 544	−12.99	−7.16
河　南	128.25	448	99.39	302	28.86	146	29.04	48.31
湖　北	3 997.74	4 712	4 193.47	4 806	−195.73	−94	−4.67	−1.97
湖　南	2 276.99	1 495	7 083.42	6 652	−4 806.43	−5 157	−67.85	−77.53
广　东	240 482.87	458 491	295 370.58	519 089	−54 887.72	−60 598	−18.58	−11.67
广　西	18 089.17	34 787	20 694.75	35 428	−2 605.57	−642	−12.59	−1.81
海　南	45 169.24	163 528	53 386.89	151 426	−8 217.65	12 102	−15.39	7.99
重　庆	52.85	106	65.98	114	−13.14	−9	−19.91	−7.51
四　川	12 567.84	3 998	10 346.37	3 973	2 221.47	25	21.47	0.63
贵　州	1 552.64	1 799	790.71	1 716	761.92	82	96.36	4.80
云　南	1 073.46	892	1 722.91	1 685	−649.44	−793	−37.69	−47.07
西　藏			2.48	10	−2.48	−10		
陕　西	354.82	645	418.42	315	−63.61	330	−15.20	104.89
甘　肃	1.29	3	70.86	160	−69.57	−157	−98.18	−98.10
青　海	420.72	444	790.64	768	−369.92	−324	−46.79	−42.18
宁　夏	135.68	39	260.28	107	−124.60	−68	−47.87	−63.53
新　疆	203.05	337	277.42	405	−74.37	−68	−26.81	−16.77

各地区水产品进口贸易情况

单位：万美元、吨

地　　区	2023 年进口		2022 年进口		2023 年比 2022 年增减（±）			
					绝对量		幅度（%）	
	金额	数量	金额	数量	金额	数量	金额	数量
全国总计	**2 377 384.64**	**6 762 253**	**2 370 646.26**	**6 469 811**	**6 738.38**	**292 442**	**0.28**	**4.52**
北　　京	154 718.62	498 295	178 998.76	617 621	-24 280.14	-119 326	-13.56	-19.32
天　　津	92 398.46	239 817	139 802.37	323 623	-47 403.92	-83 806	-33.91	-25.90
河　　北	17 743.30	49 173	19 151.80	61 797	-1 408.50	-12 623	-7.35	-20.43
山　　西	295.86	518	618.03	1 244	-322.17	-725	-52.13	-58.33
内 蒙 古	102.11	520	10.57	53	91.54	467	865.70	880.82
辽　　宁	186 195.21	1 067 021	167 249.13	616 387	18 946.08	450 634	11.33	73.11
吉　　林	58 637.19	91 103	67 693.38	164 728	-9 056.19	-73 625	-13.38	-44.70
黑 龙 江	4 368.55	9 634	6 433.90	17 424	-2 065.35	-7 790	-32.10	-44.71
上　　海	300 207.04	275 517	230 683.86	245 908	69 523.18	29 609	30.14	12.04
江　　苏	46 130.35	102 963	43 470.39	101 133	2 659.96	1 830	6.12	1.81
浙　　江	233 405.04	498 392	218 322.28	458 059	15 082.77	40 333	6.91	8.81
安　　徽	8 249.87	43 238	12 306.77	63 537	-4 056.91	-20 299	-32.96	-31.95
福　　建	296 123.78	1 181 841	289 878.02	1 181 614	6 245.76	227	2.15	0.02
江　　西	14 727.86	5 762	6 962.17	5 993	7 765.69	-231	111.54	-3.85
山　　东	435 423.25	1 490 318	461 136.58	1 498 467	-25 713.33	-8 149	-5.58	-0.54
河　　南	7 388.29	15 897	6 446.82	12 074	941.48	3 822	14.60	31.66
湖　　北	11 140.71	27 059	6 629.35	17 394	4 511.37	9 665	68.05	55.56
湖　　南	56 344.70	90 040	50 749.86	84 199	5 594.84	5 841	11.02	6.94
广　　东	355 026.66	770 417	366 131.94	751 763	-11 105.29	18 654	-3.03	2.48
广　　西	26 959.81	96 578	35 781.90	100 546	-8 822.09	-3 968	-24.66	-3.95
海　　南	4 310.33	10 165	4 767.63	6 968	-457.30	3 196	-9.59	45.87
重　　庆	14 736.37	24 264	22 774.36	33 891	-8 037.98	-9 626	-35.29	-28.40
四　　川	17 475.55	56 295	14 017.52	58 449	3 458.03	-2 155	24.67	-3.69
贵　　州	5 625.57	12 485	1 444.73	2 741	4 180.84	9 743	289.39	355.46
云　　南	17 372.91	48 455	12 474.15	27 334	4 898.77	21 120	39.27	77.27
西　　藏								
陕　　西	1 902.96	2 907	321.55	121	1 581.41	2 786	491.81	2 305.64
甘　　肃	318.69	639	402.28	682	-83.58	-43	-20.78	-6.29
青　　海	438.15	2 001	27.18	102	410.97	1 899	1 512.30	1 860.96
宁　　夏	167.70	1 025	32.94	117	134.76	909	409.10	779.32
新　　疆	9 449.74	49 916	5 926.06	15 844	3 523.69	34 072	59.46	215.05

第五部分

渔政管理

各地区渔政管理机构情况（按机构性质分）

单位：个

地　区	渔业执法机构个数	行政单位	参照公务员管理单位	事业单位	其　他
全国总计	**2 714**	**468**	**662**	**1528**	**56**
部直属	3	2		1	
北　京	16	15		1	
天　津	11	1	2	8	
河　北	151	35	6	107	3
山　西	55	6	1	48	
内蒙古	89	19	15	52	3
辽　宁	80	8	5	66	1
吉　林	58	2	7	48	1
黑龙江	91	6	12	73	
上　海	11	1	9		1
江　苏	108	4	66	38	
浙　江	93	4	76	13	
安　徽	101	1	5	95	
福　建	88	1	49	32	6
江　西	91	2	6	83	
山　东	153	30	9	113	1
河　南	103	22	5	76	
湖　北	105	3	14	87	1
湖　南	128	19	24	75	10
广　东	121	115	3	3	
广　西	110	8	90	8	4
海　南	20	1	3	16	
重　庆	43	2	37	4	
四　川	211	62	121	27	1
贵　州	97	4	6	87	
云　南	152	13	31	104	4
西　藏	58	23	2	33	
陕　西	121	4	7	100	10
甘　肃	95	18	12	57	8
青　海	50	3	7	40	
宁　夏	22	4		18	
新　疆	79	30	32	15	2

各地区渔政管理机构情况（按执法业务类型分）

单位：个

地　　区	独立渔政执法队伍	农业综合执法队伍内设独立渔政执法分支机构	农业综合执法队伍内设科室	海洋与渔业整合设置的综合执法队伍	水利与渔业整合设置的综合执法队伍	渔政与其他行业整合设置的综合执法队伍
全国总计	**387**	**1 282**	**869**	**66**	**10**	**100**
部 直 属	3					
北　　京	1	8	7			
天　　津	3	5	3			
河　　北	28	83	33	3	1	2
山　　西	6	5	44			
内 蒙 古	7	52	30			
辽　　宁	31	34	11	2		2
吉　　林	8	48	2			
黑 龙 江	20	11	60			
上　　海		7	4			
江　　苏	17	59	28	1		4
浙　　江	18	10	55	4		6
安　　徽	9	84	9			
福　　建	22	49	15	3		
江　　西	7	55	30			
山　　东	7	4	74	34	2	32
河　　南	27	22	37		5	13
湖　　北	39	54	8			4
湖　　南	6	90	27			4
广　　东	26	16	65	10	1	3
广　　西	40	33	28	6		4
海　　南	7	4	3	3		3
重　　庆		39	4			
四　　川	4	174	33			
贵　　州	3	68	25			1
云　　南	19	59	55			19
西　　藏	2		56			
陕　　西	11	96	11		1	
甘　　肃	15	38	41			
青　　海		20	26			3
宁　　夏	1	18	3			
新　　疆		37	42			

各地区渔政管理人员情况

单位：人

地　　区	现有人数合计	持渔业行政执法证人数
全国总计	**32 160**	**21 245**
部 直 属	36	36
北　　京	577	490
天　　津	63	50
河　　北	822	574
山　　西	263	39
内 蒙 古	593	447
辽　　宁	1 861	1 233
吉　　林	441	418
黑 龙 江	491	314
上　　海	202	174
江　　苏	1 840	1 268
浙　　江	1 979	957
安　　徽	1 939	1 612
福　　建	554	460
江　　西	2 138	1 678
山　　东	3 478	1 266
河　　南	663	377
湖　　北	1 340	1 106
湖　　南	1 850	1 540
广　　东	1 577	797
广　　西	867	486
海　　南	564	211
重　　庆	833	792
四　　川	2 948	2 204
贵　　州	713	509
云　　南	1 302	668
西　　藏	160	116
陕　　西	845	727
甘　　肃	606	322
青　　海	250	208
宁　　夏	99	72
新　　疆	266	94

第六部分

技术推广

各地区水产技术推广机构情况（按层级分）

单位：个

地　　区	数量			省级站		市级站		县级站		区域站		乡镇站	
		专业站	综合站	专业站	综合站	专业站	综合站	专业站	综合站	专业站	综合站	专业站	综合站
全国总计	**10 665**	**1 500**	**9 165**	**32**	**7**	**168**	**112**	**929**	**1 088**	**25**	**45**	**346**	**7 916**
北　　京	14	2	12	1				1	12				
天　　津	11	9	2	1				8	2				
河　　北	161	61	100	1		11		45	93	4	4		3
山　　西	72	17	55	1		6	4	10	51				
内 蒙 古	86	10	76		1	3	7	7	68				
辽　　宁	7	4	3	1				3	3				
吉　　林	368	54	314	1		8	1	30	20			15	293
黑 龙 江	78	23	55	1		1	9	21	46				
上　　海	97	7	90	1				6	3				87
江　　苏	863	60	803	1		9	4	50	32		7		760
浙　　江	371	39	332	1		7	3	28	48	3			281
安　　徽	668	84	584	1		11	5	50	36	4	6	18	537
福　　建	642	100	542	1		8	1	58	13	1	1	32	527
江　　西	572	67	505		1	7	4	49	48	4		7	452
山　　东	863	150	713	1		11	4	83	50	6	9	49	650
河　　南	130	47	83	1		4	14	41	65	1	1		3
湖　　北	484	202	282	1		6	4	29	33		5	166	240
湖　　南	1 072	67	1 005		1	6	9	46	73		12	15	910
广　　东	313	26	287		1	8	11	16	57	2			218
广　　西	868	107	761	1		10	4	54	39			42	718
海　　南	21	4	17	1		2		1	9				8
重　　庆	776	23	753	1				22	16				737
四　　川	907	72	835	1		11	6	60	65				764
贵　　州	723	58	665	1		7	2	50	36				627
云　　南	166	95	71	1		14	1	80	44				26
陕　　西	108	58	50	1		8	3	49	47				
甘　　肃	78	19	59	1		6	8	11	46			1	5
青　　海	13	5	8	1			1	4	7				
宁　　夏	35	2	33	1		1	4		16				13
新　　疆	14	8	6	1		3	3	4	3				
大　　连	7	4	3	1				3	3				
青　　岛	45	8	37	1				6	1			1	36
宁　　波	29	5	24	1				4	3				21
厦　　门	1	1		1									
深　　圳	1	1		1									
新疆兵团	1	1		1									

各地区水产技术推广机构情况（按机构性质分）（一）

单位：个

地　　区	行政单位					
	合　计	省级站	市级站	县级站	区域站	乡镇站
全国总计	**69**		**4**	**49**	**1**	**15**
北　　京						
天　　津						
河　　北	9			9		
山　　西	1			1		
内 蒙 古	1			1		
辽　　宁						
吉　　林	1		1			
黑 龙 江	2			2		
上　　海						
江　　苏	7			1	1	5
浙　　江	9			3		6
安　　徽	1			1		
福　　建						
江　　西	1			1		
山　　东	4			2		2
河　　南	6			6		
湖　　北						
湖　　南	2		1	1		
广　　东	2			2		
广　　西						
海　　南	1			1		
重　　庆	3			3		
四　　川	12		2	10		
贵　　州						
云　　南	3			3		
陕　　西	2			2		
甘　　肃						
青　　海						
宁　　夏						
新　　疆						
大　　连						
青　　岛	2					2
宁　　波						
厦　　门						
深　　圳						
新疆兵团						

各地区水产技术推广机构情况（按机构性质分）（二）

单位：个

地　区	事业单位						
	总　计	全额拨款					
		合　计	省级站	市级站	县级站	区域站	乡镇站
全国总计	**10 596**	**10 116**	**36**	**265**	**1 906**	**69**	**7 840**
北　京	14	14	1		13		
天　津	11	11	1		10		
河　北	152	131	1	10	109	8	3
山　西	71	69	1	8	60		
内蒙古	85	85	1	10	74		
辽　宁	7	7	1		6		
吉　林	367	367	1	8	50		308
黑龙江	76	76	1	10	65		
上　海	97	97	1		9		87
江　苏	856	802	1	13	74	6	708
浙　江	362	360	1	10	73	3	273
安　徽	667	649	1	16	83	10	539
福　建	642	640	1	9	70	2	558
江　西	571	527	1	11	95	4	416
山　东	859	851	1	14	128	15	693
河　南	124	112	1	17	89	2	3
湖　北	484	245	1	10	57	5	172
湖　南	1 070	1 010	1	12	111	12	874
广　东	311	300	1	17	69	2	211
广　西	868	868	1	14	93		760
海　南	20	20	1	2	9		8
重　庆	773	772	1		34		737
四　川	895	895	1	15	115		764
贵　州	723	723	1	9	86		627
云　南	163	163	1	15	121		26
陕　西	106	104	1	10	93		
甘　肃	78	77	1	13	57		6
青　海	13	13	1	1	11		
宁　夏	35	35	1	5	16		13
新　疆	14	13	1	6	6		
大　连	7	7	1		6		
青　岛	43	41	1		7		33
宁　波	29	29	1		7		21
厦　门	1	1	1				
深　圳	1	1	1				
新疆兵团	1	1	1				

各地区水产技术推广机构情况（按机构性质分）（三）

单位：个

地　　区	事业单位（续）											
	差额拨款						自收自支					
	合计	省级站	市级站	县级站	区域站	乡镇站	合计	省级站	市级站	县级站	区域站	乡镇站
全国总计	**314**		**10**	**47**		**257**	**166**		**1**	**15**		**150**
北　　京												
天　　津												
河　　北	19		1	18			2			2		
山　　西	1		1				1		1			
内 蒙 古												
辽　　宁												
吉　　林												
黑 龙 江												
上　　海												
江　　苏	44			4		40	10			3		7
浙　　江	2					2						
安　　徽	2			2			16					16
福　　建	1			1			1					1
江　　西	44			1		43						
山　　东	5		1	3		1	3					3
河　　南	5		1	4			7			7		
湖　　北	121			5		116	118					118
湖　　南	54		2	5		47	6			2		4
广　　东	11		2	2		7						
广　　西												
海　　南												
重　　庆	1			1								
四　　川												
贵　　州												
云　　南												
陕　　西	2		1	1								
甘　　肃	1		1									
青　　海												
宁　　夏												
新　　疆							1			1		
大　　连												
青　　岛	1					1	1					1
宁　　波												
厦　　门												
深　　圳												
新疆兵团												

各地区水产技术推广经费情况（一）

单位：万元

地　　区	总　计	人员经费					
		合　计	省级站	市级站	县级站	区域站	乡镇站
全国总计	**454 955.68**	**295 238.54**	**31 901.96**	**49 864.53**	**119 133.64**	**1 121.02**	**93 217.39**
北　　京	6 396.39	4 863.17	2 207.37		2 655.80		
天　　津	7 207.80	4 411.10	3 032.63		1 378.47		
河　　北	9 005.40	6 798.10	984.35	2 345.16	3 350.59	88.00	30.00
山　　西	3 134.66	1 788.25	647.09	522.57	618.59		
内 蒙 古	10 282.83	6 066.91		2 108.38	3 958.53		
辽　　宁	1 044.39	884.54			884.54		
吉　　林	8 846.15	6 677.18	567.25	1 645.11	2 044.53		2 420.29
黑 龙 江	4 856.45	3 956.69	475.55	513.78	2 967.36		
上　　海	15 261.87	11 844.12	5 477.12		4 538.43		1 828.57
江　　苏	43 061.58	32 018.87	1 472.54	5 630.13	11 962.81	255.00	12 698.39
浙　　江	27 981.34	14 243.13	993.90	2 812.84	5 429.63	50.00	4 956.76
安　　徽	17 090.54	12 917.23	455.00	2 079.61	5 201.74	172.32	5 008.56
福　　建	14 355.28	10 230.97	708.12	2 357.33	3 666.11	21.30	3 478.11
江　　西	7 974.77	5 764.72	152.00	428.40	2 362.11	39.00	2 783.21
山　　东	37 464.75	26 293.90	1 836.84	5 582.93	10 693.26	27.00	8 153.87
河　　南	9 918.40	6 312.35	485.94	2 646.99	2 884.32	3.50	291.60
湖　　北	19 379.04	12 450.02	390.00	2 082.26	5 034.78	60.00	4 882.98
湖　　南	19 937.30	13 982.04	325.53	1 533.17	3 120.60	305.00	8 697.74
广　　东	23 989.13	15 352.86	675.00	5 465.52	4 028.53	99.90	5 083.91
广　　西	18 816.05	14 984.91	374.23	1 755.18	3 586.02		9 269.48
海　　南	1 901.53	905.60	438.36	115.73	313.11		38.40
重　　庆	29 250.01	12 174.42	931.30		4 080.92		7 162.20
四　　川	27 244.30	16 772.57	120.00	1 736.47	7 219.96		7 696.14
贵　　州	16 977.10	10 975.70	263.46	724.27	2 687.48		7 300.49
云　　南	22 475.42	11 470.68	452.92	2 646.77	8 040.79		330.20
陕　　西	17 851.27	12 624.93	1 977.23	2 028.39	8 619.31		
甘　　肃	6 948.20	4 739.93	848.28	1 696.65	2 187.00		8.00
青　　海	4 905.92	1 887.98	551.52		1 336.46		
宁　　夏	4 135.61	2 089.96	604.39	659.53	734.76		91.28
新　　疆	3 402.13	2 092.23	1 132.84	747.36	212.03		
大　　连	1 447.09	1 185.69	301.15		884.54		
青　　岛	1 563.40	1 322.87	93.73		535.93		693.21
宁　　波	7 104.00	3 571.60	1 343.00		1 914.60		314.00
厦　　门	105.00	80.00	80.00				
深　　圳	3 149.27	1 280.94	1 280.94				
新疆兵团	491.32	222.38	222.38				

各地区水产技术推广经费情况（二）

单位：万元

地　区	公共经费					
	合　计	省级站	市级站	县级站	区域站	乡镇站
全国总计	**27 579.31**	**4 110.35**	**5 520.83**	**9 456.93**	**161.30**	**8 329.89**
北　京	324.27	164.75		159.52		
天　津	513.39	437.46		75.93		
河　北	440.82	39.23	186.93	213.66	1.00	
山　西	117.11	52.72	21.81	42.58		
内蒙古	278.02		137.80	140.22		
辽　宁	59.20			59.20		
吉　林	447.29	80.72	146.99	150.00		69.58
黑龙江	175.69	39.63	13.86	122.20		
上　海	1 288.39	694.34		420.00		174.05
江　苏	4 174.84	106.87	2 083.77	928.69	57.91	997.60
浙　江	1 556.93	371.00	339.77	463.47		382.69
安　徽	1 038.05	14.00	182.32	460.23	51.60	329.90
福　建	765.85	190.03	177.65	226.02	0.79	171.37
江　西	603.05	5.40	46.30	226.25	14.00	311.10
山　东	1 210.70	112.15	318.71	531.99	2.00	245.85
河　南	524.93	47.23	115.74	356.39		5.57
湖　北	1 042.58	39.80	182.12	478.00	1.20	341.46
湖　南	2 030.96	84.60	245.26	550.47	28.00	1 122.63
广　东	1 986.39	534.00	497.13	291.38	4.80	659.08
广　西	983.08	26.98	124.83	257.05		574.22
海　南	95.04	64.23	11.51	19.30		
重　庆	2 592.16	98.50		1 145.80		1 347.86
四　川	1 968.15	16.00	192.46	883.94		875.75
贵　州	868.42	7.93	43.38	178.39		638.72
云　南	492.00	28.03	170.06	288.11		5.80
陕　西	619.88	161.08	133.68	325.12		
甘　肃	356.16	113.27	93.51	149.38		
青　海	92.94	30.88		62.06		
宁　夏	88.62	37.72	28.44	19.06		3.40
新　疆	119.57	88.67	26.80	4.10		
大　连	98.55	39.35		59.20		
青　岛	64.69	4.00		38.43		22.26
宁　波	448.80	267.00		130.80		51.00
厦　门	15.00	15.00				
深　圳	74.52	74.52				
新疆兵团	23.26	23.26				

各地区水产技术推广经费情况（三）

单位：万元

地 区	项目经费					
	合 计	省级站	市级站	县级站	区域站	乡镇站
全国总计	**132 137.83**	**30 440.23**	**18 465.41**	**78 846.98**	**506.00**	**3 879.21**
北 京	1 208.95	993.24		215.71		
天 津	2 283.31	1 889.68		393.63		
河 北	1 766.48	1 035.51	597.94	133.03		
山 西	1 229.30	982.10	25.00	222.20		
内蒙古	3 937.89	126.00	1 376.70	2 435.19		
辽 宁	100.65			100.65		
吉 林	1 721.68	306.68	930.20	484.80		
黑龙江	724.07	358.22	43.00	322.85		
上 海	2 129.36	753.08		1 358.85		17.43
江 苏	6 867.87	242.00	2 231.18	3 689.90	500.00	204.79
浙 江	12 181.28	3 003.20	1 401.82	6 339.50		1 436.76
安 徽	3 135.26	369.00	879.70	1 876.26	3.00	7.30
福 建	3 358.45	1 009.08	963.84	1 374.84		10.69
江 西	1 607.00	315.00	255.00	1 034.00	3.00	
山 东	9 960.15	1 090.31	636.97	8 222.87		10.00
河 南	3 081.12	397.68	327.88	2 355.56		
湖 北	5 886.44	341.00	365.45	4 888.17		291.82
湖 南	3 924.30	351.30	270.00	3 253.00		50.00
广 东	6 649.88	2 404.00	1 853.91	1 908.39		483.58
广 西	2 848.06	1 378.47	1 094.93	355.62		19.04
海 南	900.89	241.42	100.39	559.08		
重 庆	14 483.43	3 537.70		10 895.73		50.00
四 川	8 503.58	50.00	282.05	8 171.53		
贵 州	5 132.97	245.65	1 901.52	1 728.00		1 257.80
云 南	10 512.74	373.00	434.30	9 665.44		40.00
陕 西	4 606.46	1 470.82	736.55	2 399.09		
甘 肃	1 852.12	178.17	284.45	1 389.50		
青 海	2 925.00	578.00		2 347.00		
宁 夏	1 957.03	427.40	1 319.13	210.50		
新 疆	1 190.33	1 036.83	153.50			
大 连	162.85	62.20		100.65		
青 岛	175.84	65.00		110.84		
宁 波	3 083.60	2 779.00		304.60		
厦 门	10.00	10.00				
深 圳	1 793.81	1 793.81				
新疆兵团	245.68	245.68				

各地区水产技术推广人员编制情况（按层级分）

单位：人

地区	编制人数					
	合计	省级站	市级站	县级站	区域站	乡镇站
全国总计	**31 420**	**1 490**	**3 244**	**14 516**	**221**	**11 949**
北京	200	57		143		
天津	261	165		96		
河北	865	33	141	668	20	3
山西	220	33	92	95		
内蒙古	796	30	161	605		
辽宁	89	21		68		
吉林	999	31	127	296		545
黑龙江	656	31	60	565		
上海	415	175		140		100
江苏	2 024	48	178	683	9	1 106
浙江	810	20	96	409	9	276
安徽	926	17	108	327	31	443
福建	1 189	33	117	394	2	643
江西	2 024	9	123	1 288	6	598
山东	2 671	68	324	1 308	15	956
河南	922	30	193	668	30	1
湖北	1 083	30	106	472	5	470
湖南	2 817	14	225	875	85	1 618
广东	1 430	19	326	593	9	483
广西	2 348	18	110	624		1 596
海南	102	18	7	69		8
重庆	1 283	38		323		922
四川	1 758	8	159	830		761
贵州	1 948	12	88	543		1 305
云南	934	23	170	715		26
陕西	1 339	156	125	1 058		
甘肃	582	120	129	322		11
青海	75	26	2	47		
宁夏	143	29	28	73		13
新疆	156	71	49	36		
大连	93	25		68		
青岛	105	5		56		44
宁波	123	43		59		21
厦门	6	6				
深圳	18	18				
新疆兵团	10	10				

各地区水产技术推广实有人员情况（按层级分）

单位：人

地　　区	实有人数					
	合　计	省级站	市级站	县级站	区域站	乡镇站
全国总计	**27 566**	**1 250**	**2 862**	**12 291**	**200**	**10 963**
北　京	150	50		100		
天　津	205	119		86		
河　北	736	37	131	541	20	7
山　西	273	32	76	165		
内蒙古	749	26	137	586		
辽　宁	77	21		56		
吉　林	971	26	108	292		545
黑龙江	518	26	55	437		
上　海	363	145		118		100
江　苏	1 788	41	153	543	11	1 040
浙　江	757	19	76	315	8	339
安　徽	807	15	83	341	20	348
福　建	920	26	105	361	2	426
江　西	1 012	9	52	419	6	526
山　东	2 486	57	305	1 104	15	1 005
河　南	853	24	173	620	17	19
湖　北	1 180	24	94	425	12	625
湖　南	2 465	14	194	747	81	1 429
广　东	1 453	16	308	546	8	575
广　西	1 921	14	96	559		1 252
海　南	116	25	11	72		8
重　庆	1 229	33		277		919
四　川	1 687	8	138	735		806
贵　州	1 281	9	74	385		813
云　南	893	23	163	681		26
陕　西	1 395	125	125	1 145		
甘　肃	561	68	129	345		19
青　海	74	25	2	47		
宁　夏	135	29	28	64		14
新　疆	135	59	46	30		
大　连	81	25		56		
青　岛	139	4		34		101
宁　波	118	38		59		21
厦　门	7	7				
深　圳	23	23				
新疆兵团	8	8				

各地区水产技术推广实有人员情况（按技术职称和文化程度分）

单位：人

地区	技术职称					文化程度					
	正高级	副高级	中级	初级	其他	博士	硕士	本科	大专	中专	其他
全国总计	**709**	**4 132**	**8 993**	**6 618**	**7 114**	**85**	**1 905**	**11 191**	**9 405**	**3 153**	**1 827**
北京	8	35	41	15	51	3	43	74	21	2	7
天津	10	52	88	23	32	11	45	119	21	6	3
河北	67	138	246	141	144	1	42	402	177	55	59
山西	7	45	111	50	60		13	162	67	13	18
内蒙古	50	165	205	103	226	3	53	408	217	34	34
辽宁	6	8	20	24	19	1	24	40	12		
吉林	68	182	298	248	175		37	341	397	157	39
黑龙江	33	120	101	72	192		33	262	171	35	17
上海	15	56	111	130	51	12	96	168	59	18	10
江苏	91	343	669	399	286	10	216	715	637	149	61
浙江	28	108	292	149	180	5	114	439	181	13	5
安徽	27	171	306	187	116		38	333	301	98	37
福建	15	172	277	278	178	2	77	415	258	144	24
江西	6	105	221	281	399		33	278	355	197	149
山东	52	322	808	647	657	14	247	1 042	747	277	159
河南	16	108	260	148	321	3	39	382	258	76	95
湖北	7	45	297	352	479	3	47	237	466	277	150
湖南	14	144	755	786	766	2	65	624	948	543	283
广东	22	160	375	341	555	4	125	669	409	125	121
广西	14	235	856	548	268		30	650	961	217	63
海南	1	5	18	33	59		22	47	32	2	13
重庆	13	171	497	269	279	1	76	589	431	94	38
四川	14	201	590	462	420		76	652	709	162	88
贵州	7	247	593	349	85	1	59	560	560	91	10
云南	31	372	291	91	108		26	474	300	72	21
陕西	8	157	285	289	656	1	44	431	442	225	252
甘肃	30	125	171	93	142		50	289	144	42	36
青海	6	14	26	18	10		4	56	11	3	
宁夏	9	43	42	27	14		19	89	20	6	1
新疆	11	21	31	20	52		34	61	25	3	12
大连	6	12	27	19	17	1	27	38	15		
青岛	6	18	31	8	76		12	65	41	16	5
宁波	9	26	34	15	34	6	31	68	11	1	1
厦门		1	5		1	1	3	3			
深圳		3	12	2	6		4	3			16
新疆兵团	2	2	3	1			1	6	1		

各地区水产技术推广实有人员情况（按性别和年龄分）

单位：人

地 区	性 别		年龄结构		
	男 性	女 性	35 岁及以下	36~49 岁	50 岁及以上
全国总计	**19 804**	**7 762**	**5 421**	**12 441**	**9 704**
北 京	81	69	27	70	53
天 津	122	83	43	106	56
河 北	463	273	92	363	281
山 西	172	101	27	143	103
内 蒙 古	492	257	128	238	383
辽 宁	62	15	12	38	27
吉 林	675	296	145	347	479
黑 龙 江	324	194	89	208	221
上 海	257	106	108	144	111
江 苏	1 280	508	326	717	745
浙 江	579	178	207	305	245
安 徽	636	171	105	329	373
福 建	708	212	237	351	332
江 西	821	191	216	386	410
山 东	1 667	819	530	1 135	821
河 南	565	288	118	438	297
湖 北	907	273	194	535	451
湖 南	2 039	426	340	1 256	869
广 东	1 039	414	320	734	399
广 西	1 439	482	440	1 015	466
海 南	76	40	34	50	32
重 庆	847	382	397	472	360
四 川	1 232	455	369	723	595
贵 州	965	316	353	586	342
云 南	591	302	105	416	372
陕 西	914	481	142	812	441
甘 肃	368	193	136	224	201
青 海	41	33	24	22	28
宁 夏	89	46	24	41	70
新 疆	86	49	38	68	29
大 连	62	19	16	37	28
青 岛	94	45	44	58	37
宁 波	88	30	30	56	32
厦 门	6	1	4	3	
深 圳	12	11	1	11	11
新疆兵团	5	3		4	4

各地区水产技术推广机构自有试验示范基地情况

单位：个、公顷

地区	合计		省级站		市级站		县级站		区域站		乡镇站	
	数量	养殖面积	数量	养殖面积	数量	养殖面积	数量	养殖面积	数量	养殖面积	数量	养殖面积
全国总计	**395**	**8 525.2**	**30**	**641.4**	**72**	**1 227.3**	**210**	**3 645.6**	**1**	**13.0**	**82**	**2 998.0**
北　京	2	19.3	2	19.3								
天　津	3	39.0	1	20.0			2	19.0				
河　北	6	21.7	2	7.7	2	1.0	2	13.0				
山　西	3	46.1			1	16.0	2	30.1				
内蒙古	12	522.1			1	20.0	11	502.1				
辽　宁												
吉　林	2	11.5			1	1.0	1	10.5				
黑龙江	9	215.0	1	16.0	4	19.0	4	180.0				
上　海	8	151.8	3	110.3			4	35.5			1	6.0
江　苏	24	919.7	1	35.0	5	199.7	6	220.7			12	464.4
浙　江	6	56.3	2	21.6	2	19.7	2	15.0				
安　徽	18	118.5					9	83.5			9	35.0
福　建	7	54.1			1	9.6	6	44.5				
江　西	14	98.1					14	98.1				
山　东	28	874.1			4	205.1	14	269.0			10	400.0
河　南	13	102.3			2	12.0	10	77.3	1	13.0		
湖　北	60	2 528.5			6	387.3	17	807.2			37	1 334.0
湖　南	43	1 463.4			6	60.1	26	691.3			11	712.0
广　东	32	337.7	1	33.3	18	155.6	12	103.3			1	45.6
广　西	6	32.6			1	6.0	4	25.6			1	1.0
海　南	1	7.3			1	7.3						
重　庆	6	62.0					6	62.0				
四　川	27	137.8	1	29.0	3	17.5	23	91.3				
贵　州	6	37.0			1	4.0	5	33.0				
云　南	26	63.6	1	6.0	5	18.8	20	38.8				
陕　西	17	173.4	5	30.0	5	53.0	7	90.4				
甘　肃	5	102.7	3	100.0	2	2.7						
青　海	1	6.4	1	6.4								
宁　夏												
新　疆	5	263.0	1	146.7	1	11.9	3	104.5				
大　连												
青　岛												
宁　波	3	57.0	3	57.0								
厦　门	1	0.5	1	0.5								
深　圳												
新疆兵团	1	2.6	1	2.6								

各地区水产技术推广机构合作试验示范基地情况

单位：个、公顷

地区	合计		省级站		市级站		县级站		区域站		乡镇站	
	数量	养殖面积	数量	养殖面积	数量	养殖面积	数量	养殖面积	数量	养殖面积	数量	养殖面积
全国总计	**2 811**	**97 200.0**	**279**	**7 861.8**	**446**	**13 489.4**	**1 470**	**61 370.3**	**17**	**398.0**	**599**	**14 080.5**
北　京	5	7.6					5	7.6				
天　津												
河　北	116	1 451.9	40	286.8	27	568.9	49	596.2				
山　西	19	171.5	3	60.0	2	8.6	14	102.9				
内蒙古	44	993.0	20	435.0	7	227.9	17	330.1				
辽　宁												
吉　林	94	9 908.1	12	1 600.0	14	452.5	51	5 672.9			17	2 182.7
黑龙江	5	460.0					5	460.0				
上　海	40	737.5	21	533.0			15	172.8			4	31.7
江　苏	149	8 042.3			51	1 143.3	41	1 897.0	2	133.0	55	4 869.0
浙　江	141	2 209.9	3	61.9	22	116.0	103	1 662.7			13	369.3
安　徽	192	7 456.7			23	3 139.4	103	3 910.3			66	407.0
福　建	103	1 045.9	8	6.7	12	17.0	82	889.2			1	133.0
江　西	235	7 667.7	9	78.0	26	220.0	122	4 596.7	9	48.0	69	2 725.0
山　东	155	14 141.5			26	785.0	111	12 808.2			18	548.3
河　南	83	1 173.4			26	153.5	56	1 002.9	1	17.0		
湖　北	303	18 285.9	9	95.0	26	1 330.0	158	14 840.9	5	200.0	105	1 820.0
湖　南	154	5 347.5	8	925.0	22	559.0	111	3 685.1			13	178.4
广　东	135	6 187.1	52	1 996.8	45	3 423.0	37	737.3			1	30.0
广　西	180	4 397.5	45	209.0	51	789.3	58	3 101.9			26	297.3
海　南	5	153.0	3	133.0	2	20.0						
重　庆	138	1 653.9	31	476.6			100	1 093.3			7	84.0
四　川	291	1 814.5			38	175.0	77	1 374.5			176	265.0
贵　州	57	447.9			1	0.5	28	307.5			28	139.9
云　南	28	182.2			5	38.4	23	143.8				
陕　西	70	930.8			6	58.0	64	872.8				
甘　肃	28	190.7			8	73.0	20	117.7				
青　海	2	14.3					2	14.3				
宁　夏	21	1 545.3	7	727.0	6	191.3	8	627.0				
新　疆	9	319.0	7	218.7			2	100.3				
大　连												
青　岛	2	87.0					2	87.0				
宁　波	6	157.2					6	157.2				
厦　门												
深　圳												
新疆兵团	1	19.3	1	19.3								

各地区水产技术推广机构房屋条件情况（一）

单位：米^2

地　区	办公用房面积					
	合　计	省级站	市级站	县级站	区域站	乡镇站
全国总计	**443 978**	**51 851**	**60 536**	**151 881**	**2 240**	**177 471**
北　京	1 970	375		1 595		
天　津	15 948	15 315		633		
河　北	8 465	800	2 401	5 001	144	120
山　西	4 972	2 227	1 548	1 197		
内 蒙 古	8 590	1 000	1 778	5 812		
辽　宁	1 425			1 425		
吉　林	15 432	1 326	3 638	4 055		6 413
黑 龙 江	2 502	142	314	2 046		
上　海	12 233	6 624		3 899		1 710
江　苏	32 987	235	2 486	7 063	733	22 469
浙　江	10 460	383	1 362	3 455		5 260
安　徽	15 066	178	1 421	5 343	300	7 823
福　建	15 033	1 313	5 259	3 204	19	5 238
江　西	14 874	122	316	3 815	12	10 609
山　东	20 464	600	3 154	9 504		7 207
河　南	8 121	336	1 739	5 701	345	
湖　北	25 161	571	2 302	12 354	100	9 834
湖　南	41 414	180	6 248	12 896	557	21 533
广　东	30 206	1 800	6 011	8 208	30	14 157
广　西	43 676	2 400	1 036	4 456		35 784
海　南	1 796	350	166	1 280		
重　庆	17 831	2 102		3 751		11 978
四　川	20 783	50	3 288	9 689		7 756
贵　州	11 941	150	981	3 003		7 807
云　南	16 119	462	5 563	9 930		164
陕　西	18 528	1 820	3 586	13 122		
甘　肃	7 719	715	2 785	3 978		240
青　海	2 889	1 680	42	1 167		
宁　夏	2 171	660	672	735		104
新　疆	5 732	2 300	2 440	992		
大　连	1 531	106		1 425		
青　岛	1 200	36		220		944
宁　波	3 725	2 476		928		321
厦　门	72	72				
深　圳	2 769	2 769				
新疆兵团	175	175				

各地区水产技术推广机构房屋条件情况（二）

单位：个

地　　区	培训教室数量					
	合　计	省级站	市级站	县级站	区域站	乡镇站
全国总计	**1 503**	**35**	**72**	**511**	**23**	**862**
北　京	5	3		2		
天　津	7	1		6		
河　北	23		1	21	1	
山　西	14		3	11		
内蒙古	17		2	15		
辽　宁	1			1		
吉　林	32	1		7		24
黑龙江						
上　海	37	5		6		26
江　苏	202	1	7	21	8	165
浙　江	89	3	3	23		60
安　徽	73	1	1	15	6	50
福　建	75		4	22		49
江　西	96	1	1	38		56
山　东	79		3	40		36
河　南	47		5	40	2	
湖　北	85		6	25	1	53
湖　南	219	1	7	70	5	136
广　东	95	3	13	22		57
广　西	78	1	2	17		58
海　南	4	1	1	2		
重　庆	46	1		11		34
四　川	54	1	3	28		22
贵　州	36			11		25
云　南	10	1	3	6		
陕　西	25		3	22		
甘　肃	18		4	14		
青　海	4	1		3		
宁　夏	4	1		3		
新　疆	5	1		4		
大　连	1			1		
青　岛	3					3
宁　波	17	5		4		8
厦　门	1	1				
深　圳						
新疆兵团	1	1				

各地区水产技术推广机构房屋条件情况（三）

单位：米²

地区	培训教室面积					
	合计	省级站	市级站	县级站	区域站	乡镇站
全国总计	**125 887**	**4 146**	**6 809**	**46 290**	**1 965**	**66 677**
北京	435	182		253		
天津	762	300		462		
河北	979		20	929	30	
山西	1 120		268	852		
内蒙古	910		72	838		
辽宁	30			30		
吉林	2 626	40		530		2 056
黑龙江						
上海	2 723	808		325		1 590
江苏	16 929	96	780	1 710	820	13 523
浙江	7 097	389	630	1 290		4 788
安徽	6 544	62	30	1 107	720	4 625
福建	8 610		310	2 100		6 200
江西	5 989	48	50	3 111		2 780
山东	7 050		310	3 776		2 964
河南	3 034		370	2 589	75	
湖北	6 527		424	1 985	30	4 088
湖南	21 744	70	476	12 408	290	8 500
广东	8 269	300	1 781	1 677		4 511
广西	5 103	270	53	1 562		3 218
海南	175	40	50	85		
重庆	3 860	80		1 040		2 740
四川	4 261	100	290	2 321		1 550
贵州	3 200			940		2 260
云南	862	120	384	358		
陕西	1 453		160	1 293		
甘肃	1 877		351	1 526		
青海	506	290		216		
宁夏	191	75		116		
新疆	335	125		210		
大连	30			30		
青岛	584					584
宁波	1 896	576		620		700
厦门	50	50				
深圳						
新疆兵团	126	126				

各地区水产技术推广机构房屋条件情况（四）

单位：个

地　区	实验室数量					
	合　计	省级站	市级站	县级站	区域站	乡镇站
全国总计	**1 540**	**147**	**206**	**843**	**16**	**328**
北　京	6	2		4		
天　津	27	6		21		
河　北	21	1	6	14		
山　西	5	1	3	1		
内蒙古	10	1	2	7		
辽　宁	38			38		
吉　林	26	1	9	14		2
黑龙江	22	1		21		
上　海	76	62		11		3
江　苏	181	2	9	52	4	114
浙　江	102	1	30	27		44
安　徽	90	1	5	25	10	49
福　建	68	1	9	58		
江　西	66	1	3	61	1	
山　东	92		9	67		16
河　南	32	1	8	22	1	
湖　北	69	1	11	46		11
湖　南	64	1	20	38		5
广　东	137	1	14	46		76
广　西	83	17	20	44		2
海　南	16	1	10	5		
重　庆	44	2		42		
四　川	47		6	36		5
贵　州	10	1	3	6		
云　南	31	1	6	24		
陕　西	66	2	16	48		
甘　肃	10	1	3	6		
青　海	7	1		6		
宁　夏	7	1	4	2		
新　疆	4	2		2		
大　连	65	27		38		
青　岛	5			4		1
宁　波	9	2		7		
厦　门	2	2				
深　圳	1	1				
新疆兵团	1	1				

各地区水产技术推广机构房屋条件情况（五）

单位：米^2

地区	实验室面积					
	合计	省级站	市级站	县级站	区域站	乡镇站
全国总计	**169 518**	**44 645**	**28 066**	**80 896**	**760**	**15 151**
北京	5 299	4 385		914		
天津	2 112	1 200		912		
河北	4 982	2 000	1 187	1 795		
山西	810	290	220	300		
内蒙古	977	700	73	204		
辽宁	2 833			2 833		
吉林	2 763	660	1 367	676		60
黑龙江	943	628		315		
上海	2 265	1 765		470		30
江苏	17 364	1 200	2 778	10 309	70	3 007
浙江	15 131	6 241	2 856	4 865		1 170
安徽	7 183	1 080	195	3 866	615	1 427
福建	7 022	1 475	672	4 875		
江西	6 417	820	83	5 464	50	
山东	11 886		3 380	7 791		715
河南	3 369	836	1 508	1 000	25	
湖北	6 803	30	2 089	4 534		150
湖南	7 964	700	1 989	5 110		165
广东	18 610	1 930	3 294	5 110		8 276
广西	6 317	580	1 245	4 432		60
海南	1 451	950	350	151		
重庆	8 606	6 122		2 484		
四川	4 893		3 042	1 775		76
贵州	2 065	902	36	1 127		
云南	2 162	231	264	1 667		
陕西	4 837	2 230	606	2 001		
甘肃	1 400	572	275	553		
青海	1 133	788		345		
宁夏	2 385	1 200	556	629		
新疆	1 270	1 200		70		
大连	4 333	1 500		2 833		
青岛	605			590		15
宁波	2 266	1 369		897		
厦门	510	510				
深圳	407	407				
新疆兵团	144	144				

各地区水产技术推广机构房屋条件情况（六）

单位：万元

地　区	实验室设备原值					
	合　计	省级站	市级站	县级站	区域站	乡镇站
全国总计	**306 070.4**	**46 874.1**	**22 438.4**	**48 282.5**	**241.0**	**188 234.5**
北　京	6 725.8	5 854.4		871.4		
天　津	1 000.7	612.0		388.7		
河　北	3 787.9	2 200.0	721.7	866.2		
山　西	911.4	826.4	20.0	65.0		
内蒙古	1 047.0	1 000.0	21.0	26.0		
辽　宁	1 358.8			1 358.8		
吉　林	2 339.1	926.0	889.5	522.6		1.0
黑龙江	810.0	600.0		210.0		
上　海	1 843.3	1 205.4		636.9		1.0
江　苏	13 368.0	3 495.0	2 335.4	6 666.9	37.0	833.7
浙　江	11 800.4	6 470.0	1 481.5	3 406.6		442.3
安　徽	3 232.9	943.0	113.4	1 642.5	153.0	381.0
福　建	5 316.6	871.3	2 281.0	2 164.3		
江　西	4 279.6	1 500.0	22.0	2 717.6	40.0	
山　东	8 118.7		2 467.4	5 409.3		242.0
河　南	2 164.7	650.0	754.6	749.1	11.0	
湖　北	3 597.0	20.0	1 404.3	2 088.2		84.5
湖　南	5 274.1	870.0	1 678.0	2 673.0		53.1
广　东	195 251.1	1 000.0	3 907.3	4 472.5		185 871.3
广　西	4 070.0	217.7	1 180.9	2 356.4		315.0
海　南	2 796.1	2 359.0	320.0	117.2		
重　庆	2 720.8	1 367.4		1 353.4		
四　川	3 011.3		1 603.6	1 400.1		7.6
贵　州	1 260.6	697.3	5.0	558.3		
云　南	1 227.2	65.1	140.8	1 021.3		
陕　西	4 685.7	2 820.0	796.8	1 068.9		
甘　肃	702.1	543.3	40.0	118.7		
青　海	926.4	834.0		92.4		
宁　夏	1 640.4	1 153.1	254.3	233.0		
新　疆	1 160.0	1 050.0		110.0		
大　连	3 107.8	1 749.0		1 358.8		
青　岛	1 406.5	713.0		691.5		2.0
宁　波	3 916.6	3 049.5		867.1		
厦　门	500.0	500.0				
深　圳	510.0	510.0				
新疆兵团	202.2	202.2				

各地区水产技术推广机构信息平台情况

地　区	网站（个）	手机平台（户）	电话热线（条）	技术简报（个）
全国总计	**329**	**4 744**	**19 228**	**2 178**
北　京		7	12	5
天　津	4			
河　北	9	61	170	15
山　西	1	33	891	27
内蒙古	7	55	40	67
辽　宁	1	2	22	1
吉　林	8	286	754	38
黑龙江			4 850	
上　海	7	52	59	18
江　苏	18	429	1 118	181
浙　江	32	150	215	25
安　徽	44	246	355	34
福　建	3	168	185	46
江　西	22	99	143	41
山　东	22	415	1 123	58
河　南	6	125	257	401
湖　北	13	250	3 339	414
湖　南	54	479	228	180
广　东	9	73	155	37
广　西	4	688	712	73
海　南	3	13	23	3
重　庆	9	178	1 534	105
四　川	12	287	993	80
贵　州	3	224	963	126
云　南	19	191	214	44
陕　西	7	91	707	29
甘　肃	5	46	41	15
青　海		9		73
宁　夏	1	34	33	9
新　疆		6	8	30
大　连	1	3	22	1
青　岛	1	35	37	
宁　波	4	7	19	2
厦　门				
深　圳			2	
新疆兵团		2	4	

各地区水产技术推广履职成效情况（一）

地　区	示范关键技术（个）	检验检测（批次）	指导面积（公顷）	服务对象		
				农户（户）	企业（个）	合作组织（个）
全国总计	**3 944**	**256 964**	**4 444 541**	**1 391 368**	**37 735**	**29 789**
北　京	17	1 926	1 209	680	156	18
天　津	19	8 985	18 425	1 429	88	94
河　北	85	5 660	38 821	5 017	632	85
山　西	10	1 048	13 383	439	229	131
内蒙古	58	709	109 523	3 764	336	323
辽　宁	31	341	11 545	2 670	153	58
吉　林	129	1 785	213 295	8 775	366	283
黑龙江	115	328	472 343	17 729	280	210
上　海	30	4 886	12 805	4 003	75	534
江　苏	423	41 666	688 471	123 714	4 576	3 361
浙　江	312	14 039	280 743	19 407	2 020	832
安　徽	286	44 362	408 526	30 308	3 971	2 819
福　建	164	12 303	91 804	25 506	3 010	757
江　西	151	2 322	185 942	42 759	2 617	2 133
山　东	294	11 724	310 348	29 672	1 709	1 088
河　南	186	765	83 672	28 624	607	1 132
湖　北	376	11 137	407 469	312 941	1 545	3 674
湖　南	193	6 182	194 461	55 147	2 975	2 812
广　东	99	24 019	158 721	60 635	1 788	414
广　西	196	7 071	131 020	98 728	2 345	1 528
海　南	7	1 598	5 687	7 818	140	39
重　庆	99	5 820	54 419	28 443	2 110	1 052
四　川	154	28 733	167 907	107 464	1 492	3 486
贵　州	75	2 108	132 799	329 735	1 363	1 212
云　南	108	885	71 241	22 795	674	353
陕　西	86	4 109	45 279	6 709	1 109	658
甘　肃	64	223	7 369	1 783	395	256
青　海	10	39	36 612	185	40	54
宁　夏	77	818	34 561	1 384	152	162
新　疆	8	218	14 293	436	177	65
大　连	7	4 331	4 800	615	60	8
青　岛	21	1 508	14 100	2 085	159	48
宁　波	48	4 502	18 062	8 811	320	82
厦　门	0	510	887	1 078	12	18
深　圳	0	292	800	0	41	0
新疆兵团	6	12	3 200	80	13	10

各地区水产技术推广履职成效情况（二）

地　　区	渔民技术培训		推广人员培训		公共信息服务		
	期数（期）	人数（人次）	业务培训（人次）	学历教育（人次）	信息覆盖用户（户）	发布公共信息（条）	发放技术资料（份）
全国总计	**12 478**	**1 884 718**	**56 931**	**3 607**	**1 562 328**	**7 535 461**	**4 583 437**
北　　京	27	779	590		658	1 333	3 075
天　　津	51	2 085	861		326	250	7 146
河　　北	161	6 427	1 002	37	4 948	8 098	23 369
山　　西	88	2 283	334	4	588	1 018	16 759
内 蒙 古	161	4 667	1 098	69	8 249	5 302	51 481
辽　　宁	82	5 155	450	2	3 382	28 975	1 520
吉　　林	157	8 014	1 066	238	5 690	8 839	36 242
黑 龙 江	162	9 436	2 080	57	13 984	3 633	36 545
上　　海	174	6 405	3 004	18	3 599	15 547	24 299
江　　苏	1 516	109 715	5 892	516	170 827	182 157	493 547
浙　　江	416	21 893	5 770	10	84 523	64 086	70 056
安　　徽	904	53 578	2 652	304	185 560	154 682	325 164
福　　建	316	12 274	2 545	20	66 135	656 550	102 623
江　　西	355	22 080	748	121	53 127	43 754	108 019
山　　东	483	32 751	3 508	103	82 273	56 156	208 736
河　　南	431	26 456	1 846	127	20 259	31 813	216 321
湖　　北	1 034	62 734	917	129	214 452	355 734	799 612
湖　　南	696	47 177	2 448	141	180 598	87 774	321 971
广　　东	545	1 238 187	3 751	110	125 790	5 173 874	121 313
广　　西	516	29 319	5 011	378	128 941	93 039	175 677
海　　南	35	1 680	157	5	5 145	1 644	5 415
重　　庆	340	14 975	1 149	252	20 808	127 540	132 149
四　　川	898	52 964	3 195	82	88 479	174 663	647 228
贵　　州	1 440	45 391	1 724	41	54 617	12 454	138 973
云　　南	574	28 294	1 129	34	16 312	64 541	152 927
陕　　西	435	21 628	2 024	603	8 163	32 740	195 179
甘　　肃	198	3 963	824	33	2 744	2 400	82 701
青　　海	32	797	111		196	437	4 147
宁　　夏	115	4 205	345	30	1 925	12 489	60 609
新　　疆	45	2 783	34	5	484	558	2 955
大　　连	6	199	67		1 120	5 928	1 520
青　　岛	38	3 892	132	16	3 674	9 108	7 440
宁　　波	31	1 493	249	40	4 035	114 176	5 671
厦　　门	12	627	177	82	352	2 775	1 326
深　　圳	3	312	33		63	1 134	1 372
新疆兵团	1	100	8		302	260	350

各地区水产技术推广机构技术成果

地　　区	技术成果数量（个）	审定新品种（个）	获奖情况（个）				获得专利（项）	发表论文（篇）	制定标准/规范（个）	出版图书（本）
			国家级	省部级	市厅级	县　级				
全国总计	**197**	**12**	**8**	**99**	**147**	**102**	**355**	**1 477**	**267**	**74**
北　　京							3	24	5	
天　　津	5			3			19	59	4	
河　　北	5			2	2	2	14	46	13	9
山　　西				3			4	3	4	
内 蒙 古	3			1			5	23	3	3
辽　　宁	3			1	2		6	14	5	3
吉　　林	8	2		5			7	20	5	3
黑 龙 江							4	27	6	1
上　　海	10			3			8	45	2	1
江　　苏	4	1		4	6		13	132	23	3
浙　　江	48			1	12	4	36	64	39	10
安　　徽	4	1		12	14	4	22	128	15	
福　　建	5	1	3	5	3		19	47	4	
江　　西	6			1	1		12	22	7	4
山　　东	27			1	41	13	73	135	23	7
河　　南	1			2	5	12	18	97	17	10
湖　　北	2			1			12	44	15	5
湖　　南	25	1		6	8	26	17	98	17	3
广　　东	3	1	2	12	15	3	15	72	23	2
广　　西	8			4	10	7	23	128	16	5
海　　南	1	2		1			2	4		
重　　庆	4	1	2	5	12	16	2	13	3	2
四　　川	2	1	1	2			1	21	2	1
贵　　州	6	1		4	2		6	56	2	
云　　南							1	35	2	
陕　　西	1			3	6	2	1	28	4	
甘　　肃	4			8	6	13	3	10		1
青　　海	3			2	1			4	2	1
宁　　夏					1			12	5	
新　　疆	2			1			2	26	1	
大　　连	1						1	5		
青　　岛								4		
宁　　波	6			4			6	25		
厦　　门								3		
深　　圳				2				1		
新疆兵团								2		

第七部分

灾　　害

各地区渔业灾情造成的经济损失（一）

单位：万元

地 区	1. 水产品损失					
	合 计	台风、洪涝	病 害	干 旱	污 染	其 他
全国总计	**656 631.55**	**408 005.73**	**173 108.21**	**48 401.49**	**3 279.00**	**23 837.12**
北 京	12 938.48	12 938.48				
天 津	7 622.38	5 856.88	1 711.50			54.00
河 北	28 506.00	28 342.00	4.00			160.00
山 西	761.00	746.00				15.00
内 蒙 古	1 378.00	1 267.00	40.00	20.00		51.00
辽 宁	993.00	5.00	988.00			
吉 林	4 546.00	4 546.00				
黑 龙 江	12 926.00	12 926.00				
上 海	1 669.56		1 653.26		16.30	
江 苏	66 039.00	6 769.00	49 652.00	3 540.00	10.00	6 068.00
浙 江	15 129.00	3 394.00	9 803.00	841.00	789.00	302.00
安 徽	15 857.50	3 638.00	6 858.50	3 565.00	844.10	951.90
福 建	99 327.00	96 024.00	3 065.00	6.00		232.00
江 西	115 365.04	39 575.32	51 061.95	19 133.00	356.37	5 238.40
山 东	13 606.20	1 609.20	8 619.00	2 962.00	91.00	325.00
河 南	1 572.00	770.00	602.00		21.00	179.00
湖 北	21 642.00	10 801.00	8 544.00	1 958.00		339.00
湖 南	26 497.00	7 096.00	7 144.00	10 233.00	3.00	2 021.00
广 东	82 252.16	63 399.35	15 718.91	575.00	301.40	2 257.50
广 西	93 300.06	88 111.76	29.00	4.30		5 155.00
海 南	2 170.40	315.00	1 855.40			
重 庆	15 187.40	13 799.17	329.75	1 033.98		24.50
四 川	2 484.32	1 666.40	235.90	582.02		
贵 州	2 793.22	1 301.18	54.95	1 419.29		17.80
云 南	7 485.21	1 824.00	2 166.99	2 372.40	835.30	286.52
西 藏						
陕 西	1 457.70	1 205.00	85.70	155.00	10.00	2.00
甘 肃	232.16	79.99	1.64	1.50	1.53	147.50
青 海						
宁 夏	65.00		55.00			10.00
新 疆	2 828.76		2 828.76			

各地区渔业灾情造成的经济损失（二）

单位：万元

地区	2.（台风、洪涝）损毁渔业设施							
	合计	池塘	网箱（鱼排）	围栏	沉船	船损	堤坝	泵站
全国总计	**128 292.70**	**56 653.57**	**8 084.50**	**373.60**	**715.00**	**1 242.00**	**37 838.06**	**140.08**
北京	5 238.02	188.10						
天津	753.00	408.84		2.00				
河北	14 527.06	8 431.52	11.00	9.60			920.55	70.00
山西	5.00	5.00						
内蒙古	61.00	24.00	10.00			2.00		
辽宁								
吉林	1 556.00	600.00		212.00		13.00	103.00	
黑龙江	7 183.00	7 183.00						
上海	180.00					180.00		
江苏	1 943.00	698.00	80.00	65.00				
浙江	496.00	88.00	95.00	12.00	60.00	70.00		
安徽	415.00	290.00					105.00	
福建	15 658.00	5 210.00	5 302.00		610.00	831.00		
江西	9 232.00	8 140.00	48.00	52.00			241.00	
山东	2 862.50	1 361.00	350.00		35.00	30.00		
河南	22.00	1.00						
湖北	1 591.00	1 019.00					121.00	63.00
湖南	2 232.00	881.00				3.00	917.00	
广东	8 012.00	4 334.50	1 943.00			13.00	173.00	
广西	46 913.45	10 965.51	219.50			100.00	33 856.99	4.48
海南	657.00						300.00	
重庆	3 856.67	2 637.80					1 025.72	2.00
四川	481.00	461.00					20.00	
贵州	124.60	105.00		14.00				0.60
云南	1 394.60	1 358.60	26.00	7.00			3.00	
西藏								
陕西	2 582.00	2 262.00			10.00		50.00	
甘肃	275.80	0.70					1.80	
青海								
宁夏	41.00							
新疆								

各地区渔业灾情造成的经济损失（三）

单位：万元

地 区	2.（台风、洪涝）损毁渔业设施（续）							直接经济损失合计
	涵 闸	码 头	护 岸	防波堤	工厂化养殖	苗种繁育场	其 他	
全国总计	**258.00**	**499.00**	**1 445.21**	**1 126.00**	**5 116.20**	**3 750.96**	**11 050.52**	**784 924.25**
北 京			63.10			2 080.00	2 906.82	18 176.50
天 津			167.16	175.00				8 375.38
河 北				10.00	2 811.20	540.00	1 723.19	43 033.06
山 西								766.00
内 蒙 古				5.00			20.00	1 439.00
辽 宁								993.00
吉 林				20.00			608.00	6 102.00
黑 龙 江								20 109.00
上 海								1 849.56
江 苏					1 000.00	100.00		67 982.00
浙 江		130.00	16.00				25.00	15 625.00
安 徽			20.00					16 272.50
福 建	60.00	20.00	35.00	135.00	748.00	113.00	2 594.00	114 985.00
江 西			95.00	222.00	130.00		304.00	124 597.04
山 东		49.00	15.00		30.00	300.00	692.50	16 468.70
河 南							21.00	1 594.00
湖 北	67.00		221.00		100.00			23 233.00
湖 南				55.00	167.00	102.00	107.00	28 729.00
广 东	121.00		794.00	434.00		92.00	107.50	90 264.16
广 西					100.00	48.96	1 618.01	140 213.51
海 南		300.00	7.00	50.00				2 827.40
重 庆			5.65	20.00		102.00	63.50	19 044.07
四 川								2 965.32
贵 州			5.00					2 917.82
云 南								8 879.81
西 藏								
陕 西	10.00		1.00		30.00		219.00	4 039.70
甘 肃			0.30			273.00		507.96
青 海								
宁 夏							41.00	106.00
新 疆								2 828.76

各地区渔业灾情造成的数量损失（一）

地　区	1. 受灾养殖面积（公顷）						2. 水产品损失（吨）		
	合　计	台风、洪涝	病　害	干　旱	污　染	其　他	合　计	台风、洪涝	病　害
全国总计	**224 670**	**80 754**	**98 468**	**37 793**	**878**	**6 777**	**417 427**	**257 726**	**105 821**
北　京	114	114					1 745	1 745	
天　津	2 107	373	1 631			103	5 309	3 820	1 447
河　北	1 186	1 132	20			34	15 536	15 524	1
山　西	39	38				1	449	442	
内蒙古	5 335	5 187	8	133		7	868	820	20
辽　宁	52	3	49				462	2	460
吉　林	8 279	8 279					2 946	2 946	
黑龙江	1 397	1 397					25 852	25 852	
上　海	2 374		2 368		6		512		507
江　苏	31 737	1 138	27 879	1 745	6	969	23 734	2 082	20 895
浙　江	4 113	1 423	1 938	234	99	419	6 226	3 264	2 536
安　徽	8 969	1 099	3 180	4 169	264	257	9 718	2 184	3 710
福　建	6 141	5 390	627	4		120	90 194	86 970	3 079
江　西	59 109	14 805	32 266	9 927	135	1 976	92 753	30 160	40 964
山　东	7 490	858	5 465	1 069	43	55	11 501	5 711	3 978
河　南	1 652	544	871	181	5	51	1 465	940	441
湖　北	17 245	4 147	11 704	1 364		30	14 289	4 559	7 373
湖　南	26 493	5 221	3 375	16 438	101	1 358	12 214	2 469	2 687
广　东	17 909	13 054	3 755	76	194	830	59 099	38 107	13 790
广　西	9 529	9 082	76	2		369	24 847	19 725	27
海　南	296	10	286				886	138	748
重　庆	6 376	5 475	96	797		8	7 821	6 973	272
四　川	717	309	89	319			1 358	995	97
贵　州	1 692	1 132	9	549		2	1 346	789	22
云　南	2 258	266	1 006	785	19	182	4 135	1 038	1 108
西　藏									
陕　西	355	276	72		5	2	489	445	24
甘　肃	6	2	1	1	1	1	39	26	1
青　海									
宁　夏	65		62			3	84		84
新　疆	1 635		1 635				1 550		1 550

各地区渔业灾情造成的数量损失（二）

地区	2. 水产品损失（吨）（续）			3.（台风、洪涝）损毁渔业设施					
	干旱	污染	其他	池塘（公顷）	网箱（鱼排）（箱）	围栏（千米）	沉船（艘）	船损（艘）	堤坝（米）
全国总计	**33 445**	**1 617**	**18 818**	**15 292**	**5 595**	**190**	**17**	**166**	**150 593**
北京				19					
天津			42	278					
河北			11	367	40	3			26 635
山西			7	4					
内蒙古	16		12	5	4			2	
辽宁									
吉林				201		147		5	20 240
黑龙江				1 397					
上海		5						2	
江苏	574	9	174	307	150	15			
浙江	378	6	42	69	16	1	1	11	12
安徽	2 405	751	668	86					276
福建	4		141	816	4 665		3	106	
江西	17 901	375	3 353	3 348	27	19			2 510
山东	1 454	69	289	136	6		12	15	
河南		30	54	3					
湖北	1 424		933	2 426					14 995
湖南	5 946	6	1 106	1 372				8	6 841
广东	367	151	6 684	1 931	471			16	2 064
广西	5		5 090	1 771	203			1	67 718
海南									500
重庆	564		12	396					8 606
四川	266			165					20
贵州	531		4	87		4			
云南	1 607	202	180	60	13	1			30
西藏									
陕西	2	12	6	47			1		140
甘肃	1	1	10	1					6
青海									
宁夏									
新疆									

各地区渔业灾情造成的数量损失（三）

地　　区	3.（台风、洪涝）损毁渔业设施（续）							4. 人员损失（人）			
	泵站（座）	涵闸（座）	码头（米）	护岸（米）	防波堤（米）	工厂化养殖（座）	苗种繁育场（个）	合计	失踪	死亡	重伤
全国总计	**20**	**48**	**305**	**39 892**	**13 079**	**79**	**81**	**10**		**10**	
北　　京				272			7				
天　　津				2 388	2 500						
河　　北	8				500	23	2				
山　　西											
内 蒙 古					3 500						
辽　　宁											
吉　　林					92						
黑 龙 江											
上　　海								2		2	
江　　苏						24	1				
浙　　江			90	32							
安　　徽				80							
福　　建		20	95	65	97	7	2	8		8	
江　　西				5 974	1 370	6					
山　　东			20	15		2	2				
河　　南											
湖　　北	7	10		23 921		5					
湖　　南					900	7	1				
广　　东		15	50	3 995	3 620		53				
广　　西	1					2	2				
海　　南			50	852	500						
重　　庆	2			2 190			3				
四　　川											
贵　　州	2			97							
云　　南											
西　　藏											
陕　　西		3		10		3					
甘　　肃				1			8				
青　　海											
宁　　夏											
新　　疆											

附　　录

附录 1

水产品产量数据调整说明

1. 根据第二次农业普查结果调整水产品产量数据说明

第二次全国农业普查结束后，按照国家统计局要求，原农业部对 2006 年渔业统计数据进行了调整。调整以农业普查水产养殖面积调查结果为依据，以各省（自治区、直辖市）2006 年的养殖单产水平、养殖结构为参考依据，综合测算各省（自治区、直辖市）水产品产量调减比例，核定 2006 年水产品产量。并以此为基数，参考渔业统计年报中各年度间的产量调整比例，对 1997—2005 年的水产品产量数据进行了相应调整。

2. 根据第三次农业普查结果调整水产品产量数据说明

第三次全国农业普查结束后，农业农村部联合国家统计局对 2016 年渔业统计数据进行了调整。调整以农业普查结果为依据，对各省（自治区、直辖市）2016 年水产养殖面积进行适当核定修正，并以各省（自治区、直辖市）2016 年水产养殖面积、从业人员、水产苗种等指标数据为参考依据，综合测算核定各省（自治区、直辖市）2016 年水产品产量。并以此为基数，参考渔业统计年报中各年度间的产量调整比例，对 2012—2015 年的水产品产量数据进行了相应调整。

附录 2

调整后历年产量对照表（一）

单位：万吨

年份	调整前	调整后	其中				
			海洋捕捞	远洋渔业	海水养殖	淡水捕捞	淡水养殖
1991	1 572.99	1 572.99	644.35	32.35	333.31	100.39	462.59
1992	1 824.46	1 824.46	720.84	46.43	424.31	99.09	533.79
1993	2 152.31	2 152.31	795.53	56.22	540.23	112.07	648.26
1994	2 515.69	2 515.69	925.61	68.83	604.80	126.79	789.66
1995	2 953.04	2 953.04	1 054.07	85.68	721.51	151.02	940.76
1996	3 280.72	3 280.72	1 152.99	92.65	765.89	175.43	1 093.76
1997	3 601.78	**3 118.59**	1 092.73	103.70	691.66	163.45	1 067.04
1998	3 906.65	**3 382.66**	1 201.25	91.31	751.99	197.51	1 140.60
1999	4 122.43	**3 570.15**	1 203.46	89.91	851.89	197.95	1 226.94
2000	4 278.99	**3 706.23**	1 189.43	86.52	927.96	193.44	1 308.88
2001	4 382.09	**3 795.92**	1 155.64	88.49	989.38	186.23	1 376.20
2002	4 565.18	**3 954.86**	1 128.34	109.64	1 060.47	194.71	1 461.69
2003	4 706.11	**4 077.02**	1 121.20	115.77	1 095.86	213.28	1 530.92
2004	4 901.77	**4 246.57**	1 108.08	145.11	1 151.29	209.60	1 632.49
2005	5 101.65	**4 419.86**	1 111.28	143.81	1 210.81	220.97	1 733.00
2006	5 290.40	**4 583.60**	1 136.40	109.07	1 264.16	220.38	1 853.59
2007	4 747.52	4 747.52	1 136.03	107.52	1 307.34	225.64	1 970.99
2008	4 895.59	4 895.59	1 149.63	108.33	1 340.32	224.82	2 072.49
2009	5 116.40	5 116.40	1 178.61	97.72	1 405.22	218.39	2 216.46
2010	5 373.00	5 373.00	1 203.59	111.64	1 482.30	228.94	2 346.53
2011	5 603.21	5 603.21	1 241.94	114.78	1 551.33	223.23	2 471.93
2012	5 907.68	**5 502.14**	1 190.02	124.40	1 575.20	204.02	2 408.51
2013	6 172.00	**5 744.22**	1 191.99	135.70	1 664.65	204.17	2 547.69
2014	6 461.52	**6 001.92**	1 200.18	203.68	1 732.40	202.49	2 663.17
2015	6 699.64	**6 210.97**	1 216.81	218.93	1 796.56	199.34	2 779.34
2016	6 901.25	**6 379.48**	1 187.20	198.75	1 915.31	200.33	2 877.89
2017		6 445.33	1 112.42	208.62	2 000.70	218.30	2 905.29
2018		6 457.66	1 044.46	225.75	2 031.22	196.39	2 959.84
2019		6 480.36	1 000.15	217.02	2 065.33	184.12	3 013.74
2020		6 549.02	947.41	231.66	2 135.31	145.75	3 088.89
2021		6 690.29	951.46	224.65	2 211.13	119.78	3 183.27
2022		6 865.91	950.85	232.98	2 275.70	116.62	3 289.76
2023		7 116.17	957.49	232.23	2 395.60	116.84	3 414.01

注：根据第二次全国农业普查结果调整了 1997—2006 年产量，根据第三次全国农业普查结果调整了 2012—2016 年产量。

调整后历年产量对照表（二）

单位：万吨

年份	调整前	调整后	海水产品	捕捞	养殖	淡水产品	捕捞	养殖
1991	1 572.99	1 572.99	1 010.01	676.70	333.31	562.98	100.39	462.59
1992	1 824.46	1 824.46	1 191.58	767.27	424.31	632.88	99.09	533.79
1993	2 152.31	2 152.31	1 391.98	851.75	540.23	760.33	112.07	648.26
1994	2 515.69	2 515.69	1 599.24	994.44	604.80	916.45	126.79	789.66
1995	2 953.04	2 953.04	1 861.26	1 139.75	721.51	1 091.78	151.02	940.76
1996	3 280.72	3 280.72	2 011.53	1 245.64	765.89	1 269.19	175.43	1 093.76
1997	3 601.78	3 118.59	1 888.10	1 196.44	691.66	1 230.50	163.45	1 067.04
1998	3 906.65	3 382.66	2 044.55	1 292.56	751.99	1 338.11	197.51	1 140.60
1999	4 122.43	3 570.15	2 145.26	1 293.37	851.89	1 424.89	197.95	1 226.94
2000	4 278.99	3 706.23	2 203.91	1 275.95	927.96	1 502.32	193.44	1 308.88
2001	4 382.09	3 795.92	2 233.50	1 244.12	989.38	1 562.42	186.23	1 376.20
2002	4 565.18	3 954.86	2 298.45	1 237.98	1 060.47	1 656.40	194.71	1 461.69
2003	4 706.11	4 077.02	2 332.82	1 236.97	1 095.86	1 744.20	213.28	1 530.92
2004	4 901.77	4 246.57	2 404.47	1 253.18	1 151.29	1 842.09	209.60	1 632.49
2005	5 101.65	4 419.86	2 465.89	1 255.08	1 210.81	1 953.97	220.97	1 733.00
2006	5 290.40	4 583.60	2 509.63	1 245.47	1 264.16	2 073.97	220.38	1 853.59
2007	4 747.52	4 747.52	2 550.89	1 243.55	1 307.34	2 196.63	225.64	1 970.99
2008	4 895.59	4 895.59	2 598.28	1 257.96	1 340.32	2 297.31	224.82	2 072.49
2009	5 116.40	5 116.40	2 681.55	1 276.33	1 405.22	2 434.85	218.39	2 216.46
2010	5 373.00	5 373.00	2 797.53	1 315.23	1 482.30	2 575.47	228.94	2 346.53
2011	5 603.21	5 603.21	2 908.05	1 356.72	1 551.33	2 695.16	223.23	2 471.93
2012	5 907.68	5 502.14	2 889.61	1 314.41	1 575.20	2 612.53	204.02	2 408.51
2013	6 172.00	5 744.22	2 992.35	1 327.70	1 664.65	2 751.87	204.17	2 547.69
2014	6 461.52	6 001.92	3 136.25	1 403.85	1 732.40	2 865.66	202.49	2 663.17
2015	6 699.64	6 210.97	3 232.29	1 435.73	1 796.56	2 978.67	199.34	2 779.34
2016	6 901.25	6 379.48	3 301.26	1 385.95	1 915.31	3 078.22	200.33	2 877.89
2017		6 445.33	3 321.74	1 321.04	2 000.70	3 123.59	218.30	2 905.29
2018		6 457.66	3 301.43	1 270.21	2 031.22	3 156.23	196.39	2 959.84
2019		6 480.36	3 282.50	1 217.17	2 065.33	3 197.86	184.12	3 013.74
2020		6 549.02	3 314.38	1 179.07	2 135.31	3 234.64	145.75	3 088.89
2021		6 690.29	3 387.24	1 176.11	2 211.13	3 303.05	119.78	3 183.27
2022		6 865.91	3 459.53	1 183.83	2 275.70	3 406.38	116.62	3 289.76
2023		7 116.17	3 585.32	1 189.72	2 395.60	3 530.85	116.84	3 414.01

附录 3

渔业统计指标解释

第一章　水产品产量

第 1 条　水产品特征及产量统计范围

水产品指渔业（捕捞和养殖）生产活动的最终有效成果，它具有以下特征：

（1）它是渔业生产活动的成果。水产品既是渔业生产的劳动对象，也是渔业生产的劳动成果，它包括全部海淡水鱼类、甲壳类（虾、蟹）、贝类、头足类、藻类和其他类渔业产品。

（2）它是渔业生产活动的最终成果。渔业生产过程中的中间成果，如鱼苗、鱼种、亲鱼、转塘鱼、存塘鱼和自用作饵料的产品，不是最终成果，不能统计在水产品产量中。

（3）它是渔业生产活动的最终有效成果。水产品在上岸前已经腐烂变质，不能供人食用或加工成其他制品的，不统计在水产品产量中。

第 2 条　产量统计年度和统计者

（1）年水产品产量按日历年度计算。即从每年 1 月 1 日至 12 月 31 日止已从养殖水域捕捞起水或者已从天然水域捕捞并已返航卸港的水产品均统计在年产量中，有的生产渔船在外地收港卸鱼或者在海上由收购船扒载收购的，也按到港计算产量。

（2）水产品产量统计中，养殖产量按照水域所在地统计，国内捕捞产量按照渔船所属地统计，远洋渔业产量按照远洋渔业管理办法进行统计。

第 3 条　产量计量标准

除海蜇按三矾后的成品计量、各种藻类按干品计量外，其余各种水产品均按捕捞起水时鲜品实重（原始重量）计量。此外，供观赏的水生动物按个体计算。

第 4 条　养殖产量与捕捞产量划分原则

凡人工养殖并已起水的水产品数量为养殖产量，凡捕捞天然生长的水产品数量为捕捞产量。

（1）凡是人工投放苗种（不包括灌江纳苗）并进行人工饲养管理的淡水养殖水域中捕捞的水产品产量计算为淡水养殖产量，否则为淡水捕捞产量。

（2）凡是人工投放苗种或天然纳苗并进行人工饲养管理的海水养殖水域中捕捞的水产品产量计算为海水养殖产量，否则为海洋捕捞产量。

（3）稻田养殖起水的水产品，也计算为淡水养殖产量。

第 5 条　水产品分类

水产品分为海水产品和淡水产品两大类。

一、海水产品

海水产品包括海洋捕捞产品、海水养殖产品和远洋渔业产品。其中，海洋捕捞产品产量指国内海洋捕捞产品产量不包括远洋渔业产量。

1. 海洋捕捞产品：包括海洋捕捞鱼类、甲壳类（虾、蟹）、贝类、藻类、头足类和其他类。

（1）海洋捕捞鱼类：海鳗、鳓鱼、鳀鱼、沙丁鱼、鲱鱼、石斑鱼、鲷鱼、蓝圆鲹、白姑鱼、黄姑鱼、鮸鱼、大黄鱼、小黄鱼、梅童鱼、方头鱼、玉筋鱼、带鱼、金线鱼、梭鱼、鲐鱼、鲅鱼、金枪鱼、鲳鱼、马面鲀、竹筴鱼和鲻鱼等。

（2）海洋捕捞甲壳类：虾和蟹。虾包括毛虾、对虾、鹰爪虾、虾蛄等。蟹包括梭子蟹、青蟹和蟳等。

（3）海洋捕捞贝类：蛤、蛏、蚶和螺等。

（4）海洋捕捞藻类：江蓠、石花菜和紫菜等。

（5）海洋捕捞头足类：乌贼、鱿鱼和章鱼等。

（6）海洋捕捞其他类：海蜇等。

2. 海水养殖产品：包括海水养殖鱼类、甲壳类（虾、蟹）、贝类、藻类、其他类。

（1）海水养殖鱼类：鲈鱼、鲆鱼、大黄鱼、军曹鱼、鲕鱼、鲷鱼、美国红鱼、河鲀、石斑鱼和鲽鱼等。

（2）海水养殖甲壳类：虾和蟹。虾包括南美白对虾、斑节对虾、中国对虾和日本对虾等。蟹包括梭子蟹和青蟹等。

（3）海水养殖贝类：牡蛎、鲍、螺、蚶、贻贝、江珧、扇贝、蛤和蛏等。

（4）海水养殖藻类：海带、裙带菜、紫菜、江蓠、麒麟菜、石花菜、羊栖菜和苔菜等。

（5）海水养殖其他类：海参、海胆、海水珍珠和海蜇等。

3. 远洋渔业产品：见第 27 条。

二、淡水产品

淡水产品包括淡水养殖产品和淡水捕捞产品。

1. 淡水养殖产品：包括鱼类、甲壳类（虾、蟹）、贝类、藻类和其他类产品。

（1）淡水养殖鱼类：鲟鱼、鳗鲡、青鱼、草鱼、鲢鱼、鳙鱼、鲤鱼、鲫鱼、鳊鲂、泥鳅、鲇鱼、鮰鱼、黄颡鱼、鲑鱼、鳟鱼、河鲀、短盖巨脂鲤、长吻鮠、黄鳝、鳜鱼、鲈鱼、乌鳢和罗非鱼等。

（2）淡水养殖甲壳类：虾和河蟹，其中虾包括罗氏沼虾、青虾、克氏原螯虾和南美白对虾等。

（3）淡水养殖贝类：河蚌、螺、蚬等。

（4）淡水养殖藻类：即螺旋藻。

（5）淡水养殖其他类产品：龟、鳖、蛙和珍珠等。

（6）观赏鱼统计按“条”计量，其重量不计入淡水养殖总产量。

2. 淡水捕捞产品：包括鱼类、甲壳类（虾、蟹）、贝类、藻类和其他类。其他类中包括丰年虫等。

第 6 条　海洋捕捞产量（按海区、渔具分类）

1. 按捕捞海域分为渤海、黄海、东海和南海区产量。渤海、黄海、东海、南海区划分界线：

（1）渤海：东以辽宁老铁山西角经庙岛群岛至蓬莱角连线与黄海为界。

（2）黄海：南以长江口北角至韩国济州岛西南端连线与东海为界，东至朝鲜半岛与朝鲜海峡。

（3）东海：南以闽粤省界经东山岛南端至台湾省南端的鹅銮鼻灯塔连线与南海为界，东至对马海峡日本琉球群岛与我国台湾省。

（4）南海：东以巴士海峡、巴林塘海峡、菲律宾群岛与太平洋为界，南至加里曼丹，西临中南半岛及马来半岛。

2. 按捕捞渔具分为拖网、围网、刺网、张网、钓具和其他渔具产量。

（1）拖网：单拖和双拖。

（2）围网：单船围网、双船围网和多船围网。

（3）刺网：定置刺网、漂流刺网、包围刺网和拖曳刺网。

（4）张网：单桩、双桩、多桩、单锚、双锚、船张、樯张和并列张网。

（5）钓具：漂流延绳钓、定置延绳钓、曳绳钓和垂钓（如鱿钓）。

（6）其他渔具：地拉网、敷网、抄网、掩罩、陷阱、耙刺、笼壶等类型。

第 7 条　海水养殖产量（按养殖水域分类）

（1）海上养殖：在低潮位线以下从事海水养殖生产。

（2）滩涂养殖：在潮间带间从事海水养殖生产。

（3）其他养殖：在高潮位线以上从事海水养殖生产。

第 8 条　淡水养殖产量（按养殖水域分类）

按养殖水面类型不同，分为池塘、湖泊、水库、河沟、稻田及其他养殖方式。

第 9 条　部分养殖方式分类产量

（1）普通网箱：网箱一般由合成纤维如尼龙、聚氯乙烯等网线编织而成，装置在网箱架上。普通网箱面积均为数平方米到数十平方米。一般安置在港湾、沿岸、湖泊、水库和河沟等水域。

（2）深水网箱：深水网箱是一种大型海水网箱，主要有重力式聚乙烯网箱、浮绳式网箱和碟形网箱三种类型，具有抗风浪性能。网箱水体均为数百立方米到数千立方米。深水网箱一般安置在水深 20 米以下的海域。

（3）工厂化：工厂化养殖即按工艺过程的连续性和流水性的原则，通过机械或自动化设备，对养殖水体进行水质和水温的控制，保持最适宜于鱼类生长和发育的生态条件，使鱼类的繁殖、苗种培育、商品鱼的养殖等各个环节能相互衔接，形成一个独自的生产体系，以进行无季节性的连续生产，达到高效率、高速度的养殖目的。

第二章　水产养殖面积

第 10 条　水产养殖面积

水产养殖面积指在报告期内实际用于养殖水产品的水面面积，包括海水养殖面积和淡水养殖面积。在报告期内无论是否全部收获或尚未收获其产品，均应统计在养殖面积中。但有些水面不投放苗种或投放少量苗种，只进行一般管理的，不统计为养殖面积。养殖面积法定计量单位为公顷。

第 11 条　海水养殖面积

海水养殖面积指利用天然海水养殖水产品的水面面积，包括海上养殖、滩涂养殖、其他养殖。工厂化、深水网箱不计入养殖面积。

第 12 条　淡水养殖面积

淡水养殖面积指在淡水水域养殖水产品的水面面积，包括池塘、湖泊、水库、河沟和其他五部分。工厂化、稻田养殖不计入养殖总面积。

第 13 条　养殖面积核算

（1）海上、滩涂、池塘、湖泊、水库、河沟等方式养殖面积按照实际使用的水面计算，计量单位为公顷。

（2）普通网箱按照实际占用水面计算面积，计量单位为米^2。

（3）工厂化养殖：按照实际养殖水体的体积计算，计量单位为米^3。

（4）深水网箱：按照实际占用水的体积计算，计量单位为米^3。

（5）在江河、湖泊、水库投放苗种或灌江纳苗、增殖放流的水域不统计面积；湖泊、水库、河沟虽有专人管理，或有苗种投放，但人工养殖水产品起捕量不足 30% 的水面也不统计为养殖面积（其产量列入捕捞产量）。

第三章　渔业经济总产值和增加值

第 14 条　渔业经济总产值和增加值

渔业经济总产值和增加值指以货币表现的核算期内渔业经济活动的总产出和总成果，包括了全社会渔业、渔业工业和建筑业、渔业流通和服务业。

第 15 条　渔业产值和增加值

渔业产值指以货币表现的核算期内捕捞和养殖水产品的总产出和总成果。具体包括人工养殖的水生动物和海藻的产值、天然水生动物和天然海藻采集的产值，即包括海洋捕捞、海水养殖、淡水捕捞、淡水养殖产品的产出。其计算方法：水产品产量分别乘以其产品的现行价格。

渔业增加值指以货币表现的核算期内全社会从事渔业捕捞和养殖生产活动所创造的最终产品的价值，其计算方法：渔业总产出扣除渔业中间投入。

渔业产值和增加值的数据取自同级统计部门。

第 16 条　渔业工业、建筑业产值和增加值

渔业工业、建筑业产值和增加值指以货币表现的核算期内全社会从事水产品加工业、渔用机具制造业、渔用饲料工业、渔用药物制造业、渔业建筑业等的产出和成果。

水产品加工业产值等于加工产品量乘以现行价格，其增加值采用食品加工业增加值率进行推算。

渔用机具制造业产值、增加值等于渔船渔机修造业、渔用绳网制造业和其他设备制造业的产值、增加值之和；其产值计算方法主要采用“工厂法”计算，增加值的计算方法采用统计部门“规模以上工业企业总产值表”中的相应指标增加值率进行推算。

渔用饲料工业产值主要采用“工厂法”，增加值是渔用饲料工业现行总产出乘以“规模以上”饲料工业现价增加值率。

渔用药物制造业产值取同级相关部门统计年报表中的有关数据，其增加值等于渔用药物总产出乘以“规模以上”生物制药业现价增加值率。

渔业建筑业产值计算方法是从建筑产品所有方的建筑工程造价角度入手，依据投资完成额计算，其增加值采用建筑业增加值率来推算。

第 17 条　渔业流通和服务业产值和增加值

渔业流通和服务业包括渔业流通业，渔业（仓储）运输业，休闲渔业，渔业文化教育、科学技术和信息等产值和增加值。

渔业流通业产值以营业额来计算，其增加值等于渔业流通业产值乘以批发零售贸易业现价增加值率进行推算。

渔业（仓储）运输业产值即营业收入，其增加值计算方法与建筑业相同。

休闲渔业产值包括涉渔的一切旅游服务业产值，以营业额计算，其增加值用旅游业增加值率进行推算。

渔业文化教育、科学技术和信息等产值及其增加值根据财政部门《一般预算支出决算明细表》和有关资料进行推算。

第 18 条　计算总产值的价格

计算总产值的价格按当年价格计算。

当年价格就是当年出售产品时的实际价格。水产品当年价格以各地渔业生产单位初次出售的价格的平均价格为依据；工业产品以报告期内的产品出厂价格为当年价格。商业以零售价格为当年价格。

第四章　渔业船舶拥有量

第 19 条　渔业船舶

渔业船舶指从事渔业生产的船舶以及为渔业生产服务的船舶，按有无推进动力分为机动渔业船舶和非机动渔业船舶。按生产性质分为生产渔船和辅助渔船。

国内海洋捕捞渔业船舶转为远洋渔业船舶的当年，应纳入远洋渔业船舶统计范围内，在国内渔船统计范围中不再进行统计。

第 20 条　机动渔业船舶

机动渔业船舶指依靠本船主机动力来推进的渔业船舶，分为渔业生产船和渔业辅助船。

渔业生产船是直接从事渔业捕捞和养殖活动的船舶统称。从事捕捞业活动的渔船为捕捞船，从事养殖业活动的渔船为养殖船。捕捞船，按主机总功率分为：441 千瓦（含）以上、44.1（含）~441 千瓦、44.1 千瓦以下三类；按船长分为：24 米（含）以上、12（含）~24 米、12 米以下；按作业方式分为拖网、围网、刺网、张网、钓具、其他共6类，有关解释请参照第6条的相关内容。

渔业辅助船指从事各种加工、贮藏、运输、补给、渔业执法等渔业辅助活动的渔业船舶统称，包括水产运销船、冷藏加工船、油船、供应船、科研调查船、教学实习船、渔港工程船、拖轮、驳船和渔业行政执法船等。其中捕捞辅助船指水产运销船、冷藏加工船、油船、供应船等为渔业捕捞生产提供服务的渔业船舶。钓具、围网等作业渔船中的子船纳入捕捞辅助船统计范围。

机动渔船年末拥有量应按数量、吨位、功率分别统计，各计量单位规定如下：

（1）数量的单位为"艘"，"艘"应按船舶单元计算，子母式作业船应分别统计。

（2）吨位的单位为"总吨"，"总吨"应为丈量确定的船舶总容积，每2.83米^{3}为1总吨。

（3）功率的单位为"千瓦"，"千瓦"应按主机总功率计算。1马力等于0.735千瓦。

第21条　非机动渔船

非机动渔船指无配置机器作为动力的渔船，依靠人力、风力、水力或其他船只带动的渔业船舶，包括风帆船、手摇船等。

第五章　渔业灾情

第22条　渔业灾情

渔业灾情指由于遭受自然灾害而造成水产品产量减少、苗种损失、设施损坏、水域污染以及人员伤亡等。

水产品损失指由于自然灾害造成的水产品损失数量和金额。

受灾养殖面积指由于自然灾害造成水产品产量损失在10%以上的养殖面积。

渔业设施损毁指由于台风（洪涝）造成池塘、网箱（鱼排）、围栏、渔船损坏或沉没、堤坝、泵站、涵闸、码头、护岸、防波堤、工厂化养殖场及苗种繁育场等被毁，从而造成的渔业设施毁坏的数量和金额。

人员损失指由于自然灾害而造成人员失踪、死亡和重伤的人数。

病害损失指由于自然灾害导致水产品发病而造成的水产品损失数量和金额。

第六章　渔业人口与渔业从业人员

第23条　渔业乡和渔业村

在农村中，从事渔业生产与经营的人员占全部从业人员50%以上或渔业产值占农业产值的比重50%以上的乡、村，即为渔业乡和渔业村；达不到上述标准的，但一直是以经营渔业为主，并经上级主管部门批准定为渔业乡、村的，亦可统计为渔业乡和渔业村。

第24条　渔业户（家庭）

渔业户指农（渔）村和城镇住户中主要从事渔业生产与经营的家庭。凡家庭主要劳动力或多数劳动力从事渔业生产与经营的时间占全年劳动时间50%（6个月）以上或渔业纯收入占家庭纯收入总额50%以上者均可统计为渔业户。

第25条　渔业人口

渔业人口指依靠渔业生产和相关活动维持生活的全部人口，包括实际从事渔业生产和相关活动的人口及其赡（抚）养的人口，具体如下：

（1）直接从事渔业生产和相关活动的在业人口。

（2）兼营渔业和其他非渔业劳动者中，凡从事渔业生产和相关活动的时间全年累计达到或超过3个月者，或者虽全年累计不足3个月，但渔业纯收入占纯收入总额比重超过50%者。

（3）由从事渔业生产和相关活动的人口赡（抚）养的人口。

（4）在既有渔业劳动者又有非渔业劳动者的家庭中，根据渔业与非渔业纯收入比例分摊的被渔业劳动者赡（抚）养的人口。

渔业人口中的传统渔民：指凡渔业乡、渔业村的渔业人口均可称为传统渔民。

第26条　渔业从业人员

渔业从业人员：全社会中16岁以上，有劳动能力，从事一定渔业劳动并取得劳动报酬或经营收入的人员。

渔业专业从业人员：全年从事渔业活动6个月以上或50%以上的生活来源依赖渔业活动的渔业从业人员。

渔业兼业从业人员：全年从事渔业活动3~6个月或20%~50%的生活来源依赖渔业活动的渔业从业人员。

渔业临时从业人员：全年从事渔业活动3个月以下或20%以下的生活来源依赖渔业活动的渔业从业人员。

第七章　远洋渔业

第27条　远洋渔业产量和远洋渔船

远洋渔业产量：由各远洋渔业企业和各生产单位按我国远洋渔业项目管理办法组织的远洋渔船（队）在非我国管辖水域（外国专属经济区水域或公海）捕捞的水产品产量。中外合资、合作渔船捕捞的水产品只统计按协议应属于中方所有的部分。

远洋渔船：按上述办法、协议，在上述水域进行常年或季节性生产的渔船。

第八章　水产苗种

第28条　苗种

鱼苗：卵黄囊基本消失，鱼鳔充气，能平游主动摄食的仔鱼，包括人工孵化和江河湖海港湾采捕的天然鱼苗。

鱼种：鱼苗经培育后，发育至全体鳞片，鳍条长全，外观具有成鱼基本特征的幼鱼，一般全长在1.7~23.3厘米，因出塘季节和培育期的不同，又俗称为夏花、冬片、春片、秋片、仔口和老口。

扣蟹：蟹苗经数次蜕皮变成外形接近蟹形的仔蟹，再经过 4~5 个月饲养培育成每千克100~200 只性腺未成熟的幼蟹。

第 29 条　苗种数量统计原则

由苗种孵化或育成的单位归属统计，从他处购进或以其他方式取得苗种，不再进行统计。

第九章　水产加工业

第 30 条　水产加工企业

水产加工企业：从事水产品保鲜（保活）、保藏和加工利用的企业。

规模以上企业：年主营业务收入 500 万元以上的水产加工企业。

水产品加工能力：年加工处理水产品的总量。

第 31 条　水产冷库

水产冷库指主要用于水产品冻结、冷藏和制冰的场所，一般以低温冷藏库数作为冷库座数。

冷库的冻结能力、冷藏能力、制冰能力均指冷库建造设计的及后来改扩建新增的生产能力之和。

第 32 条　水产加工品

水产加工品指以水产品为原料，采用各种食品贮藏加工、水产综合利用技术和工艺所生产的产品，如冷冻冷藏品、腌制品、干制品、熏制品、罐头食品、各种生熟小包装食品，以及鱼油、鱼肝油、多烯脂肪酸制剂、饲料鱼粉、藻胶、碘、贝壳工艺品等。

一、水产冷冻品

水产冷冻品指为了保鲜，将水产品进行冷冻加工处理后得到的产品，包括冷冻品和冷冻加工品，但不包括商业冷藏品。

冷冻品泛指未改变其原始性状的粗加工产品，如冷冻全鱼、全虾等。

冷冻加工品指采用各种生产技术和工艺，改变其原始性状、改善其风味后制成的产品，如冻鱼片、冻虾仁、冷冻烤鳗、冻鱼籽等。

二、鱼糜制品和干腌制品

鱼糜制品指将鱼（虾、蟹、贝等）肉（或冷冻鱼糜）绞碎经配料、擂溃成为稠而富有黏性的鱼肉浆（生鱼糜），再做成一定形状后进行水煮（油炸或焙烤烘干）等加热或干燥处理而制成的食品，如鱼糜、鱼香肠、鱼丸、鱼糕、鱼饼、鱼面、模拟蟹肉等。

干腌制品指以水产品为原料，经脱水（烘干、烟熏、焙烤等）或添加腌制剂（盐、糖、酒、糟）制成具有保藏性和良好风味的产品，如烤鱼片、鱿鱼丝、鱼松、虾皮、虾米、海珍干品，以及海蜇、腌鱼、烟熏鱼、糟鱼、醉虾蟹、醉泥螺、卤甲鱼、水生动植物调味品（虾蟹酱、蚝油、鱼酱油）等。

藻类加工品指以海藻为原料，经加工处理制成具有保藏性和良好风味的方便食品，如海带结、干紫菜、调味裙带菜等。

三、水产罐制品

水产罐制品指以水产品为原料按照罐头工艺加工制成的产品，包括硬包装和软包装罐头，如鱼类罐头、虾贝类罐头等。

四、鱼粉

鱼粉指用低值水产品及水产品加工废弃物（如鱼骨、内脏、虾壳等）等为主要原料生产而成的加工品。

五、鱼油制品

鱼油制品指从鱼肉或鱼肝中提取油脂，并制成的产品，如粗鱼油、精鱼油、鱼肝油、深海鱼油等。

六、其他水产加工品

其他水产加工品指除上述加工产品之外的加工品统称，如助剂和添加剂（蛋白胨、褐藻胶、碘、甘露醇、卡拉胶、琼胶等）、珍珠加工品、贝壳工艺品、鱼酒、鱼奶等。

第十章　渔民家庭当年收支情况调查

第 33 条　家庭常住人口数

家庭常住人口数指全年经常在家或在家居住 6 个月以上，而且经济和生活与本户连成一体的人口数。外出从业人员在外居住时间虽然在 6 个月以上，但收入主要带回家中，经济与本户连为一体，仍视为家庭常住人口；在家居住，生活和本户连成一体的国家职工、退休人员也为家庭常住人口。但是现役军人、中专及以上（走读生除外）的在校学生，以及常年在外（不包括探亲、看病等）且已有稳定的职业与居住场所的外出从业人员，不应当作家庭常住人口。

第 34 条　家庭渔业从业人员人数

家庭渔业从业人员人数指家庭常住人口中从事渔业生产、销售、运输等活动累计 6 个月以上的人数。

第 35 条　全年总收入

全年总收入指调查期内被调查对象从各种来源渠道得到的收入总和。按收入的性质划分为家庭经营收入、工资性收入、财产净收入、转移性收入和政府生产补贴（惠农收入）。

第 36 条　家庭经营收入

家庭经营收入指以家庭为单位进行生产经营和管理而获得的收入，包括渔业（水产品及鱼苗）收入、其他家庭经营收入。

渔业收入：水产品及鱼苗用于市场交易的现金收入或自产自食的实物收入。市场交易的现金收入等于交易的水产品及鱼苗或与水产品有关的劳务活动量乘以市场价格，只要交易发生，包括现款和应收款都要计算为收入；自产自食的实物收入，按自食水产品数量乘以相应水产品成本价格计算。如某个水产品的市场平均价格为 10 元/千克，用于计算该水产品市场交易的现金收入；成本价格为 6 元/千克，用于计算自产自食的该水产品实物收入。

经营其他行业收入：渔民家庭自主经营的除渔业外的其他行业，如种植业、畜牧业、林业等第一产业，或从事第二、第三产业所取得的经营收入。第一产业的收入包括现金和实物两个部分，计算方法与渔业收入类似；第二、第三产业只计算现金部分。

第 37 条　工资性收入

工资性收入指渔民家庭中从业人员通过各种途径得到的全部劳动报酬和各种福利，包括在渔业生产劳动中获得的工资和在其他行业劳动中获得的工资。

工资的形式包含计时计件劳动报酬、奖金、津贴，以及单位代个人缴纳的养老保险、医疗保险、失业保险、房租费、水电费、托儿费、医疗费等，单位定期或不定期发放过节费、调动工作的安家费、相当于现金的通用购物卡、免费或低价提供的实物产品和服务折价、工作餐补贴折价，零星或兼职劳动中得到现金、实物补贴折价等，还包括股份制企业派发或奖励给员工的股票和期权。

工资按照收付实现制计算，只要是在调查期内实际得到的工资，无论该工资是补发还是预发，都应归为本期得到的工资收入。本调查期内应得但因拖欠等原因未得到的工资不应计入。

工资不包括因员工或员工家属大病、意外伤害、意外死亡等原因支付给员工或其遗属的抚恤金和困难补助金，应该将其列入转移性收入中的社会救济和补助收入。

第 38 条　财产净收入

财产净收入指渔民家庭住户或成员将其所拥有的金融资产和自然资源交由其他机构单位、住户或个人支配而获得的回报并扣除相关的费用之后得到的净收入。财产净收入包括利息净收入、红利收入、储蓄性保险净收益和转让承包土地或水面经营权租金净收入等。

利息净收入指利息收入扣除该住户或个人付给债权方的生活性借贷款利息支出后得到的净值。利息收入指按照双方事先约定的金融契约条件，借出金融资产（存款、债券、贷款和其他应收账款）的住户或个人从债务方得到的本金之外的附加额。利息收入是应得收入，包括各类定期和活期存款利息、债券利息、个人借款利息等，银行代扣的利息所得税也包括在内。

红利收入指住户或个人作为股东将其资金交由公司支配或处置而有权获得的收益。包括股票发行公司按入股数量定期分配的股息、年终分红以及从集体财产入股或其他投资分配得到的股息和红利。股票买卖结算后获得的收益（含亏损）不包含在内。

储蓄性保险净收益指住户或个人参加储蓄性保险，扣除缴纳的保险本金及相关费用后，所获得的保险净收益，不包括保险责任人对保险人给予的保险理赔收入。

转让承包土地或水面经营权租金净收入指住户将拥有经营权或使用权的土地转让给其他机构单位或个人获得的补偿性收入扣除相关成本支出后得到的净收入，也包括从其他机构单位或个人获得的实物形式的收入。

其他财产净收入指住户所得的除上述以外的其他财产净收入扣除相关的维护成本之后得到的净收入。如通过在国外购买的土地、矿产等自然资源获得的财产净收入等。

财产净收入不包括将非金融资产（如住房、生产经营用房、机械设备、专利、专有技术、商标商誉等）交由其他机构单位、住户或个人支配而获得的回报，应该计入“经营净收入”。财产净收入也不包括转让资产所有权的溢价所得，这些是“非收入所得”，不包含在本调查中。

第 39 条　转移性收入

转移性收入指国家、单位、社会团体对住户的各种经常性转移支付和住户之间的经常性收入转移。它包括政府、非行政事业单位、社会团体对居民转移的养老金或退休金、社会救济和补助、惠农补贴、政策性生活补贴、救灾款、经常性捐赠和赔偿以及报销医疗费等；住户之间的赡养收入、经常性捐赠和赔偿，以及农村地区（村委会）在外（含国外）工作的本住户非常住成员寄回带回的收入等。

转移性收入不包括住户之间的实物馈赠。

养老金或离退休金指根据国家有关文件规定或合同约定，在劳动者年老或丧失劳动能力后，根据他们对社会、单位所作的贡献和所具备的享受养老保险资格或退休条件，按月以货币形式或实物产品及服务给予的待遇，主要用于保障因年老或疾病丧失劳动能力的劳动者的基本生活需要。包括离退休人员的养老金或离退休金、生活补贴，农民享有的新型农村养老保险金，城镇居民享有的社会养老保险金，国家或地方政府给予城镇无保障老人的养老金，因工致伤离退休人员的护理费，退休人员异地安家补助费、取暖补贴、医疗费、旅游补贴、书报费、困难补助以及在原工作单位所得的各种其他收入，相当于现金的购物卡券也包含在内。也包括发给的实物和购买指定物品的票证、购物卡券，应同时计入相应的实物产品和服务项目中。

社会救济和补助指国家、机关企事业单位、社会团体和个人对各类特殊家庭、人员提供的特别津贴。包括国家对享受城镇居民最低生活保障待遇的家庭发放的最低生活保障金、对农村五保户发放的五保救助金、国家和社会及机构单位对特殊困难家庭给予的困难补助、扶贫款、救灾款、国家或机构单位向由于失去工作能力或意外死亡等原因而失去工作的职工或其遗属定期发放的抚恤金等。也包括发给的实物和购买指定物品的票证、购物卡券，应同时计入相应的实物产品和服务项目中。

惠农补贴指政府为扶持农业、林业、牧业、渔业和农林牧渔服务业，以现金或实物形式发放的各种生产补贴。现金形式发放的补贴包括粮食直补、购置和更新大型农机具补贴、良种补贴、购买生产资料综合补贴、退耕还林还草补贴、畜牧业补贴等生产性补贴。实物形式发放的补贴指政府低价或免费提供的相关产品和服务，如免费或低价提供的种子、农机具服务等。包括经营渔业的生产性补贴和经营其他产业的生产性补贴。在鱼塘改造中，如果是以渔民家庭为主进行投入建设，得到了政府补贴，计入渔民得到的惠农补贴；如果是政府直接奖励或投入改造建设，则按相关市场价格计入生产性固定资产。

政策性生活补贴指根据国家的有关规定，中央财政、各级地方财政给予家庭的相关政策性生活补贴。包括家电下乡和以旧换新等家电补贴、能源补贴、给农村寄宿制中小学生的生活补贴等；也包括其他低价或免费提供的实物产品和服务，如廉租房等。

报销医疗费指参加新型农村合作医疗、城镇职工基本医疗保险、（城镇）居民基本医疗保险、城乡居民大病保险的居民在购买药品、进行门诊治疗或住院治疗之后，从社保基金或单位报销的医疗费。报销医疗费属于一种实物收入。报销医疗费包括使用社保卡进行医疗服务付费时直接扣减的、由社保基金支付的部分。从商业医疗保险获得报销的医疗费不包括在内。

外出从业人员寄回带回收入指在外（含国外）工作的本住户非常住成员寄回、带回的收入。无论是以现金、汇款、转账、银行卡共享等任何形式寄回、带回的收入，都应计入。

赡养收入指亲友因赡养和抚养义务经常性给予住户及其成员的现金和实物收入。

其他经常转移收入指住户从除上述各项转移性收入以外得到的其他经常性转移收入。如经常性捐赠收入、经常性赔偿收入、失业保险金、亲友搭伙费等。

经常性捐赠收入指住户从他人、组织、社会团体处得到的经常性捐献或赠送收入。这种捐赠收入带有义务性和经常性，不包括遗产及一次性馈赠收入、婚丧嫁娶礼金所得、压岁钱等。捐赠收入与赡养收入的区别：赠送是对本住户的成员无赡养义务的其他住户或个人给本住户及其成员的现金。本住户成员内部间的捐赠收入和捐赠支出均不必记账。

经常性赔偿收入指住户及其成员因受到财产损失、人身伤害、精神损失得到的国家、单位、个人定期支付的经常性赔偿，不包括一次性赔偿所得。

第 40 条　全年总支出

全年总支出指渔民家庭全年用于生产、生活和再分配的全部支出。包括：家庭经营费用支出、生产性固定资产折旧、税费支出、生活消费支出、转移性支出。

第 41 条　家庭经营费用支出

家庭经营费用支出指以家庭为单位从事生产经营活动而消费的商品和服务、自产自用产品。包括经营渔业费用支出和经营其他行业费用支出。

经营渔业费用支出包括燃料、水电及加冰费用、雇工费用、饲料费用、购买种苗费用，以及加工费用、修理费、承包或租用费等其他生产支出。其中燃料、水电费指用于生产的，不包括用于生活的支出；修理或改造费用等，指额度在1 000元以下的日常渔需物质支出，在此价值量之上的如渔具的大修理、鱼塘清淤、改造等较大规模投入，则按量按价计入固定资产。

经营其他行业费用支出指从事除渔业经营外的其他行业，如种植业、畜牧业、林业等第一产业，或从事第二、第三产业经营的支出。其计算方法参考经营渔业支出。

第 42 条　生产性固定资产原价及折旧

生产性固定资产指使用年限在 2 年及以上、单位价值在1 000元以上的房屋建筑物、机器设备、器具工具、役畜、产品畜等资产，其中渔业生产性固定资产包括生产用车船、精养鱼池、大型网具、防逃设施、涵闸、泵站等。

生产性固定资产原价指固定资产当初的购进价、新建价或开始转为固定资产的价值。自繁自养的幼畜成龄转作役畜、产品畜、种畜，按市场同类牲畜的平均价格计价。国家奖励和外单位赠送的固定资产按购置同类固定资产的价格参照其新旧程度酌情计价。

渔民家庭的生产性固定资产折旧按农业生产性固定资产折旧方法处理，即 15 年的使用期限。

第 43 条　税费支出

税费支出指渔民家庭以现金和实物形式缴纳的从事生产经营活动的各种税赋支出，以及承包费、一事一议款、以资代劳款、乡村提留、集资摊派等费用，包括经营渔业税费支出和经营其他产业税费支出。对于无法区分家庭产业经营活动的税费支出，按一定比例分摊。

第 44 条　转移性支出

转移性支出指渔民家庭或成员对国家、单位、住户或个人的经常性或义务性转移支付，包括缴纳的税款、各项社会保障支出、赡养支出、经常性捐赠和赔偿支出以及其他经常转移性支出等。

个人所得税指家庭或成员被扣缴的工资薪金所得、对企事业单位的承包经营承租经营所得、个体工商户的生产经营所得、劳务报酬所得、稿酬所得、特许权使用费所得、利息股息红利所得、财产租赁所得、财产转让所得、偶然所得、经国务院财政部门确定征税的其他所得等个人所得的税款。生产税、消费税不在其内。

社会保障支出指家庭成员参加国家法律、法规规定的社会保障项目中由单位和个人共同缴纳的保障支出。包括养老保险、医疗保险、失业保险、工伤保险、生育保险以及其他社会保障支出。

赡养支出指家庭成员因赡养和抚养义务而付给亲友的经常性现金和定期的实物支出。现金赡养支出应按实际发生的金额计算，不论是从报告期收入中开支的，还是从银行存款、手存现金以及其他所得中开支的，均应包含在内。

其他经常转移支出指家庭或成员除缴纳的税款、社会保障支出、赡养支出以外的其他经常性转移支出，如经常性捐赠支出、经常性赔偿支出、各种罚款（如交通罚款）；政府部门向居民提供服务收取的服务费，如迁户口的办理费、办理身份证费，缴纳工会费、党费、团费以及学会团体组织费等。

经常性捐赠支出指家庭或成员赠予他人的经常性和带有义务性的现金支出，包括向寺庙的经常性捐款、定期资助贫困学生或贫困地区的款项、个人对公共设施建设的各类捐款，如解困基金、水利基金、防洪基金等，但不包括以商品或服务方式给予他人的价值额。婚丧嫁娶礼金支出及一次性馈赠支出如压岁钱、探望病人给予的礼金等不含在内。经常性捐赠支出应按实际发生的金额计算，不论是从报告期收入中开支的，还是从银行存款、手存现金以及其他所得中开支的，均应包括在内。

经常性赔偿支出指家庭或成员向因受到财产损失、人身伤害、精神损失的国家、单位、个人定期支付的赔偿支出，不包括一次性赔偿支出。

第 45 条　生活消费支出

生活消费支出指渔民家庭用于满足家庭日常生活消费需要的全部支出，包括伙食支出、烟酒支出、衣着支出、居住支出、生活用品支出、交通通信支出、教育文化娱乐支出、医疗保健支出、其他用品及服务支出。

伙食支出指渔民家庭住户购买粮、油、菜、肉、禽、蛋、奶、水产品、糖、饮料、干鲜瓜果等食品的支出，也包括在外饮食、餐馆外卖食品和其他饮食服务的支出，但不包括用于宠物食品的支出。

烟酒支出指渔民家庭住户用于烟草和酒类的支出。烟草包括卷烟、烟丝、烟叶。涵盖住户购买的所有烟草，包括在餐馆、酒吧等购买的烟草。不包括烟具。酒指用高粱、大麦、米、葡萄或其他水果发酵制成的含酒精饮料。主要有白酒、黄酒、葡萄酒、啤酒，包括低度酒精饮料或不含酒精的啤酒等。此处指买来在家喝的酒类，不包括在餐馆、旅馆、酒吧等消费的酒（在外饮食）。

衣着支出指渔民家庭住户用于穿着的支出，包括购买服装、服装材料、鞋类、其他衣类及配件，以及衣着相关加工服务的支出。

居住支出指渔民家庭住户用于居住的支出，包括房租、水、电、燃料、住房装潢、物业管理等方面的支出。

生活用品支出指渔民家庭住户购买家具和家用电器、日用杂品的支出。

家具和家用电器包括家具、家具材料、室内装饰品、家庭使用的各类大型器具和电器，小家电等，如冰箱、冷饮机、空调、洗衣机、吸尘器、干衣机、微波炉、洗碗机、消毒碗柜、炊具、炉灶、热水器、取暖器、保险柜、缝纫机、榨汁机、烤面包炉、酸奶机、熨斗、电水壶、电扇、电热毯等。

日用杂品包括床上用品、窗帘门帘和其他家用纺织品，以及洗涤及卫生用品、厨具、餐具、茶具、家用手工工具、其他日用品、护肤品、美容美发用品等。

交通通信支出指渔民家庭户在交通工具、交通费、通信器材、通信服务方面的支出。

交通工具包括家用汽车、摩托车、自行车及其他家庭交通工具。不包括经营用交通工具。

交通费包括乘坐各种交通工具（如飞机、火车、汽车、轮船等）所支付的交通费以及用于车辆使用的燃料费、停车费、维修费、车辆保险等。不包括因公出差暂由个人垫付的交通费。

通信工具包括固定电话机、移动电话机、寻呼机、传真机等。

通信服务费包括电话费、电话初装费、入网费、电信费、邮费等。

教育文化娱乐支出指渔民家庭户用于住户成员的教育活动、文化娱乐活动的支出。

教育包括职业技术培训费、学杂费、赞助费、一揽子教育服务费、教育用品支出等。文化娱乐包括用于文娱耐用消费品、其他文娱用品和文化娱乐服务。

文娱耐用消费品包括各种音像、摄影和信息处理设备，如彩色电视机、照相机、摄像机、组合音响、家用计算机，也包括中高档乐器、健身器材等，还包括文娱耐用消费品的零配件和维修。

其他文娱用品包括除教材及参考书以外的各种书报杂志及音像制品、文具纸张、体育户外用品、玩具、用于花鸟虫鱼等业余爱好的相关用品、宠物及宠物用品等其他文娱用品，也包括以上文娱用品的维修支出。

文化娱乐服务指和文化娱乐活动有关的各种服务费用。包括团体旅游、景点门票、体育健身活动、电影、话剧、演出票、有线电视费以及其他文化娱乐服务支出。

医疗保健支出指渔民家庭户购买医疗器具和药品，支付门诊和住院费方面的支出。

医疗器具和药品包括药品、滋补保健品、医疗卫生器具及用品和保健器具。

门诊和住院费指门诊和住院的医疗总费用，包括从各种医疗保险或其他医疗救助计划中获得的医药费和医疗费的报销款额；挂号费、诊疗费、注射费、手术费、透视费、镶牙费、出诊费、送药费、陪侍费、住院费、救护车费等；提供给门诊病人的药物、医疗器械和设备及其他保健产品。报销医疗费应按收付实现制记录，即仅当医疗费报销到手时才计入。

其他用品及服务指渔民家庭户在其他用品及服务方面的支出。

其他个人用品包括首饰、手表和其他杂项用品。

其他服务包括旅馆住宿费、美容美发洗浴、其他杂项服务。无法归入七大类服务支出的其他各项服务支出，如迷信、丧葬费、诉讼费、公证费、房地产中介服务费等也包含在内。

第 46 条　全年纯收入和渔业纯收入

全年纯收入指渔民家庭当年从各种来源得到的总收入相应地扣除所发生的费用后的收入总和。全年纯收入主要用于再生产投入和当年生活消费支出，也可用于储蓄和各种非义务性支出。渔民人均纯收入是按人口平均的纯收入水平，反映的是一个地区或一个渔民家庭的居民平均收入水平。计算方法：

全年纯收入=全年总收入-家庭经营费用支出-生产性固定资产折旧-税费支出

渔业纯收入=出售水产品收入+从事渔业所获得的工资性收入+渔业补贴-经营渔业支出-渔业固定资产折旧-渔业税费支出

第 47 条　可支配收入

可支配收入指渔民家庭户可用于最终消费支出和储蓄的总和，即可以用来自由支配的收入。可支配收入既包括现金，又包括实物收入。本调查按照收入的来源，可支配收入包含四项，分别为：工资性收入、经营净收入、财产净收入、转移净收入。计算公式为：

可支配收入=工资性收入+经营净收入+财产净收入+转移净收入

其中：

经营净收入=经营收入-经营费用-生产性固定资产折旧-税费支出

转移净收入=转移性收入-转移性支出

第 48 条　渔民家庭收支调查台账首页及问卷

渔民家庭收支调查台账首页是用于采集渔民家庭收支情况基础数据的方法。在调查户中建立台账首页，按一定时间将发生收支情况通过问卷访问进行记录，由县级渔业统计人员按时间要求，直接通过村干部或村农业技术员收集或调查。本台账首页及问卷为参考表样，各地可根据实际情况自行设计，方便渔民理解。在台账首页中需要一次性填写的内容包括样本户地址及代码、居住房屋面积和估价、拥有大型网具价值、养殖面积、机动渔船数量、功率和吨位等。

样本户地址及代码指渔民家庭收支调查样本户的居住地址，按省、地、县、乡、村的行政地址填写，代码是国家统计局公布的标准代码（12 位）。村内的样本户按自然顺序编码。样本户所在的行政区划名称发生改变，但尚未获得国家标准名称和代码的，原地址和代码不变，可在备注中说明。

居住房屋面积指住宅用于生活居住的建筑面积，应扣除住宅中非生活居住（出租、生产或商用）的建筑面积。

建筑面积以房屋产权证或租赁证为准，也可按使用面积乘以 1.333 计算得出。如果没有相应证明，则由调查员根据本住宅或类似住宅判断填写。建筑面积应填写整数，不为整数时应四舍五入。

居住房屋的估价指居住房屋建筑本身的市场估值，仅包含建筑物本身的价值，不包含宅基地的价值。市场估值主要由调查员辅助住户进行填报。按农村地区的住宅市场估值方法进行估价，调查员预先了解本地区目前平均的房屋建造成本，并将这些信息提供给调查户。针对某个具体住宅，首先估计目前如果要建造同类住房所需要的成本，然后按照 30 年折旧的期限，根据住宅的建筑年份对剩余的价值进行折算。

图书在版编目（CIP）数据

2024中国渔业统计年鉴 / 农业农村部渔业渔政管理局，全国水产技术推广总站，中国水产学会编制. 北京 ：中国农业出版社，2024. 7. -- ISBN 978-7-109-32126-7

Ⅰ. F326. 4-66

中国国家版本馆CIP数据核字第2024AK4359号

2024中国渔业统计年鉴
2024 ZHONGGUO YUYE TONGJI NIANJIAN

中国农业出版社出版
地址：北京市朝阳区麦子店街18号楼
邮编：100125
责任编辑：陈　瑨
责任校对：吴丽婷
印刷：中农印务有限公司
版次：2024年7月第1版
印次：2024年7月北京第1次印刷
发行：新华书店北京发行所
开本：787mm×1092mm　1/16
印张：10.25　　插页：8
字数：255千字
定价：200.00元